Jan Vermee

Von Menschen verstoßen – bei Jesus geborgen

Begegnungen mit verfolgten Christen in Indien

Brunnen Verlag/Open Doors

Die englischsprachige Originalausgabe erschien unter dem Titel „Only a Broken Heart Can Heal a Broken World“ bei Open Doors International, Santa Ana/Kalifornien.

Deutsch von Ulrike Brandhorst

FSC
www.fsc.org
MIX
Papier aus verantwortungsvollen Quellen
FSC® C083411

Lektorat: Carolin Kotthaus
Umschlagfoto: Open Doors International
Umschlaggestaltung: Jonathan Maul
Satz: DTP Brunnen
Druck: CPI Ebner & Spiegel GmbH, Deutschland
ISBN Buch 978-3-7655-4357-9
ISBN E-Book 978-3-7655-7561-7
www.brunnen-verlag.de

Inhalt

Wie dieses Buch zu lesen ist

Dieses Buch kann auf zwei Arten gelesen werden: entweder wie jedes andere Buch auch, indem man vom Anfang bis zum Ende in die Geschichten eintaucht und sich von ihnen inspirieren lässt – oder aber auf eine zweite Art, die mehr Mühe erfordert, am Ende jedoch mehr Gewinn bringt: Nach jedem Kapitel (außer dem ersten, das eher eine Einführung ist) gibt es einen Abschnitt mit dem Titel „Zum Weiterdenken". Darin werde ich Sie mithilfe von sieben – oft herausfordernden – Fragen tiefer in die geistliche Bedeutung dessen einführen, was Sie gerade gelesen haben.

Ich bete zu Gott, dass er durch dieses Buch zu Ihnen spricht, und danke Ihnen im Namen der verfolgten Christen in Indien dafür, dass Sie es lesen. Sie werden feststellen, dass Ihre Gebete und Ihre Unterstützung diesen Menschen viel bedeuten.

Jan Vermeer

Kapitel 1

Bewirken wir etwas?

Die Dunkelheit, die über das Dorf in Zentralindien hereingebrochen war, würde den Mann vor Kusums Fenster nicht aufhalten. Die junge Witwe sah hinaus und erkannte ihren Schwiegervater, der dort draußen stand und eine Axt in der Hand schwang. „Es ist deine Schuld, dass mein Sohn tot ist! Du hast ihn getötet! Du und dein giftiger Glaube! Komm raus! Ich werde dich in Stücke schlagen!“

Kusum kauerte sich in eine Zimmerecke und wartete darauf, dass der Herr eingreifen oder sie zu sich holen würde. Kusum ist kaum 1,50 Meter groß, doch ihre Geschichte klingt wie der schrecklichste Albtraum.

Mein Name ist Jan Vermeer und ich berichte aus den unterschiedlichsten Ländern an Open Doors. Meine Reisen haben mich nach Afrika, in den Nahen Osten und nach Asien geführt, wo ich mit verfolgten Christen sprach. Millionen von Menschen haben aufgrund meiner Berichte für diese Christen gebetet und gespendet.

Das heißt nicht, dass ich besonders wichtig bin. Gott hat auch viele andere mit dieser Aufgabe betraut. Ich verdiene es nicht, auf die gleiche Stufe gestellt zu werden wie die Menschen, von denen dieses Buch erzählt. Es gibt keinen Grund, zu mir aufzuschauen. Ich bin wie Sie: Ich lebe in einem relativ freien Land, wo mich keiner bedroht, wenn ich zur Kirche gehe. Die Polizei konfisziert nicht meine Bibel oder meine christlichen Bücher, und ich werde nicht von Extremisten verfolgt.

Dennoch hat Gott mich in seiner Weisheit mit der Aufgabe betraut, die Geschichten der verfolgten Christen aufzuschreiben. Und das nicht etwa, weil ich so gut bin und er mich braucht, und sicherlich nicht, weil ich so mutig wäre. Der Grund liegt darin, dass Gott weiß, dass mein Glauben oft schwach ist. Ich brauche die Inspiration und das Vorbild meiner verfolgten Brüder und Schwestern.

Manchmal fehlen mir aber einfach die Worte. Während ich mit Kusum sprach, betete ich die ganze Zeit über still: *Was kann ich ihr sagen, um ihr Mut zu machen? Wofür soll ich beten? Was kann ich schon bewirken?*

Natürlich: Ich würde dank der Fähigkeiten, die Gott mir geschenkt hat, ihre Geschichte aufschreiben. Und ich war mir auch sicher, dass viele Brüder und Schwestern für sie beten würden.

Nach unserem Gespräch betete ich ebenfalls mit ihr zusammen. Es fühlte sich wie ein inspiriertes Gebet an (auch wenn ich mich nicht mehr daran erinnern kann, wofür ich betete) und Kusum sagte nach jedem Satz, der ihr übersetzt wurde, „Amen“ – aber dennoch hatte ich das Gefühl, dass ich nicht viel für sie getan hatte.

Die Sprachbarriere frustrierte mich und ich versuchte sie aufzumuntern, indem ich ihr Bilder auf meinem Smartphone zeigte. Bilder von meinen Kindern – wo sie doch ihren Sohn erst einen Monat zuvor verloren hatte … Was hatte ich mir nur dabei gedacht?

Ich verließ Kusum und ihre Freundin und kehrte zurück in mein Land. Dort mochten die Leute mich vielleicht wegen meines Christseins verlachen, doch sie würden niemals Gewalt gegen mich anwenden. Und wenn es doch jemand tun würde, könnte ich dafür sorgen, dass er ins Gefängnis käme.

Kusum dagegen kehrte zurück in ihr Dorf, in dem sie verachtet wurde und wo jeder sie töten konnte, ohne eine ernsthafte Strafe befürchten zu müssen.

Ehrlich gesagt: Sie lebte das Leben, vor dem ich mich fürchtete. Ein Leben, in dem dich keiner will. Ein Leben, in dem die Menschen, die dir am nächsten stehen, sterben. Ein Leben ohne Zukunft. Mein Bedürfnis, ihr zu helfen, war so groß, dass ich fast wünschte, eines meiner Kinder wäre gestorben (auch wenn ich mich wegen dieses Gedankens fürchterlich schuldig fühlte), nur damit ich ihr sagen konnte, dass ich ihren Schmerz nachempfinden kann.

Aber mir blieb nichts anderes übrig. Ich kehrte nach Hause zurück und tat, was ich tun musste. Ich erzählte im Gespräch mit Freunden und Verwandten und bei den Gebetsversammlungen in der Kirche von Kusum.

Wir beteten.

Ich schrieb ihre Geschichte auf, genau so, wie ich es ihr versprochen hatte, und wir nutzten die Geschichte dazu, um Geld für Kusum und andere Christen in Indien zu sammeln.

Wir spendeten.

Wir hatten unsere Pflicht erfüllt. *Ich* hatte meine Pflicht erfüllt – jetzt hieß es weiterziehen und mein Leben weiterleben, oder?

Vor einiger Zeit brauchte ich ein Foto von Kusum für einen Arbeitsvortrag. Der schnellste Weg, es zu bekommen, war, ihren Namen zu googeln. Unter den Suchergebnissen fiel mir ein gezeichnetes Porträt von ihr auf, das auf Pinterest veröffentlicht worden war. Das machte mich neugierig. Ich konnte mich nicht daran erinnern, dass wir von Open Doors eine Zeichnung von Kusums Porträtfoto hatten anfertigen lassen.

Ich forschte nach und fand heraus, dass die Zeichnung von einer niederländischen Künstlerin stammte, die ich daraufhin kontaktierte.

„Was für eine unglaubliche Ermutigung, dass sie meine Zeichnung ‚zufällig' gefunden haben", sagte sie. „Aufgrund mehrerer Krankheiten bin ich arbeitsunfähig. Ich habe mehr und mehr gelernt, mich kreativ auszudrücken, und erlebe, dass Gott meine Arbeit dazu nutzt, um mich mit anderen in Verbindung zu bringen. Ich bin überzeugt davon, dass Gott mich und meine Fähigkeiten für sein Reich nutzen will."

Ihr Herz schlägt für verfolgte Christen. „Manchmal zeichne ich Bilder von Menschen, die in den Open-Doors-Magazinen erscheinen. Das ist, wie gesagt, eine Art, meinen Gefühlen Ausdruck zu verleihen. Gleichzeitig belastet es mich aber auch. Ich hatte in meinem eigenen Leben sehr viel Unsicherheit und Angst, daher kann es sehr belastend sein, wenn ich mit dem Leid anderer Menschen konfrontiert werde. Wenn ich zu intensiv über die verfolgten Christen nachdenke, lähmt mich das. Aber wenn ich mich auf Gott konzentriere, dann bringt mich das ihm näher."

„Was sehen Sie denn, wenn Sie sich Kusums Bild ansehen?", fragte ich.

„Eine großartige Frau. Man kann den Schmerz auf ihrem Gesicht sehen, aber ihre ganze Haltung drückt Vertrauen aus. Ich kenne Schmerz und Gebrochenheit ja aus meinem eigenen Leben und ich versuche dieses Vertrauen zu erlernen, das Kusum besitzt."

Kurz nach dieser Unterhaltung kehrte ich nach Indien zurück. Ich hatte extra darum gebeten, wieder mit Kusum sprechen zu dürfen, denn ich wollte wissen, wie es ihr ginge. Ich hoffte sehr, dass sie sich an mich erinnern würde. Ich wollte wissen, ob unser erstes Treffen ihr in irgendeiner Weise etwas gebracht hatte – ob unsere Gebete und Spenden etwas bewirkt hatten.

Als sie den kleinen Raum betrat, in dem wir warteten, schien alles darin aufzuleuchten. Kusums Augen glänzten vor Freude und ihr Lächeln verzauberte die Anwesenden. Alles an der in kräftigem Rot gekleideten Frau schien einfach zu … strahlen!

Ich fragte sie, wie es ihr ergangen sei. Lächelnd antwortete sie: „Es geht mir sehr gut. Ich freue mich so, dich wiederzusehen. Die zwei Jahre, die seit unserem letzten Treffen vergangen sind, waren sehr gut. Zwar stellt sich meine Schwiegerfamilie weiterhin gegen mich und bedroht mich. Aber das macht mich nicht traurig oder niedergeschlagen. Immer wenn ich verfolgt werde, bete ich. Das Gebet macht mich stark und ich weiß, dass auch andere für mich beten."

Diese sieben Sätze ließen alle meine Zweifel verfliegen.

In der folgenden Stunde berichtete sie, dass ihr Schwiegervater sie weiterhin bedrohe, ihr aber kein körperliches Leid zufüge. Sie hatte Arbeit gefunden und Arbeit verloren. Die Menschen beschimpften sie. Aber immer wenn sie das zu sehr belastete, ging sie aus dem Dorf hinaus, suchte sich einen ruhigen Ort und betete einfach.

Kusum ist Analphabetin und kann die Bibel nicht lesen, doch Gott spricht dennoch zu ihr. „Er sagt mir immer, dass er sich um mich kümmert. Er sorgt für mich und heilt mich von meinen Krankheiten. Alle Menschen im Dorf beneiden mich: Sie dachten nämlich, ich würde eine arme, unglückliche Witwe werden, aber ich bin reich und glücklich in Gott. Dafür brauche ich kein Geld."

„Was hat dich außer deinen Gebeten ermutigt und deinen Glauben am Leben gehalten?“, fragte ich staunend.

Sie lächelte. „Eure Helfer. Immer wenn ich in großer Not war, hat Gott mir durch sie geholfen. Als ich nichts zu essen hatte, schickte er mir einen Partner von Open Doors mit Lebensmitteln. Mein Herz ist voller Dankbarkeit. – Ihr wart da, als ich Hilfe brauchte. Ich möchte mich bei euch bedanken – so sehr bedanken!“

Ob sie wohl einen Brief an die Menschen schreiben wollte, die für sie gebetet und sie unterstützt hatten, fragte ich Kusum. „Ich kann weder lesen noch schreiben“, erklärte sie mir erneut.

Doch das war für mich kein Problem. „Würdest du einen Brief diktieren wollen?“

Erfreut nickte sie.

Das ist ihr Brief:

Meine lieben Brüder und Schwestern,

vor zwei Jahren habt ihr einige Vertreter der Kirche zu mir geschickt. Damals stand ich unter Schock. Ich hatte meinen Mann und meinen fünf Jahre alten Sohn verloren. Alles, was mir blieb, waren mein neun Jahre alter Sohn, meine Eltern und ein paar wenige weitere Christen.

Die Leute aus meinem Dorf erlaubten niemandem, mir bei der Beerdigung zu helfen. In der Nacht kam mein Schwiegervater mit einer Axt zu meinem Haus. Er machte mich für den Tod meines Ehemanns und meines Sohnes verantwortlich.

„Du hast sie getötet! Du und dein giftiger Glaube!“

Das Einzige, was ich tun konnte, war, mich in eine Zimmerecke zu kauern, zu beten und abzuwarten, was geschehen würde. Nie würde ich Jesus Christus verraten – das nahm ich mir vor!

Und ich hielt mein Versprechen. Ich kann Jesus nicht aufgeben, denn er war so gut zu mir. Er hat für mich gesorgt, als ich in Not war. Er hat mich geheilt, als ich krank war.

Immer wenn ich jetzt bedroht werde, weil ich ihm nachfolge, ziehe ich mich an einen sicheren Ort zurück und bete. Ich kann nicht lesen oder schreiben. Ich habe keine Bibel. Aber ich bete zu meinem Herrn und das gibt mir Zuversicht. Ich weiß, dass ich nicht alleine bin.

Ich weiß das, weil ihr für mich gebetet und mich unterstützt habt. Viele Dorfbewohner beneiden mich. Ich sollte eine arme Witwe sein. Und ich habe tatsächlich nicht viel Geld, es reicht gerade zum Überleben. Dennoch bin ich unermesslich reich, weil ich Jesus kenne und durch Jesus mit euch verbunden bin. Als ich nichts zu essen hatte, habt ihr jemandem von der indischen Kirche geschickt, der mir Lebensmittel brachte.

Ich will euch danken! Dank euch hat mein Glauben diese Schicksalsschläge überstanden.

Viele Segenswünsche aus Indien
Kusum

„Dank euch hat mein Glauben diese Schicksalsschläge überstanden." – Nach meinen ersten Besuchen in Indien hatte ich mich gefragt, ob es überhaupt einen Sinn machte, was wir da taten. Zwei Jahre lang hatte mich diese Frage gequält – und die Antwort jetzt war ein deutliches „Ja". Ja, was wir tun, bewirkt etwas!

Aber das ist nur ein Teil der Dinge, die ich von den verfolgten Christen in Asien gelernt habe.

Dieses Buch ist eine Reise nach Indien – in das Herz der Verfolgung und an das Herz Jesu. Es ist eine reiche Sammlung von 14 geistlichen Lektionen, die ich während meiner Reisen nach Indien entdeckt habe. Von der ersten haben Sie gerade in diesem Kapitel gelesen.

Im weiteren Verlauf dieses Buches werden Sie noch mehr aus Kusums Leben erfahren, aber ich werde Ihnen auch andere verfolgte Christen vorstellen.

Sie werden etwas über Vipur erfahren, der um Haaresbreite einen Mordversuch überlebt hat und manchmal den Angreifer mitten auf dem Markt trifft, weil die Polizei sich weigert, ihn festzunehmen.

Sie werden an meinem Gespräch mit der 19-jährigen Reena teilhaben, die entführt und von Gott auf wundersame Weise von ihrem Trauma geheilt wurde. Heute lehrt sie indische Kinder christliche Werte.

Sie werden Christen kennenlernen, die der Verfolgung widerstanden haben, und Gläubige, die dem Druck nicht standhalten konnten.

Jede Geschichte ist eine Lektion, in der wir etwas über Gott und das Leben lernen können. Am Ende jedes Kapitels lade ich Sie dazu ein, noch etwas mehr in die Tiefe zu gehen, indem Sie über den jeweiligen Bericht und einen passenden Bibelvers nachdenken.

Ich hoffe, dass die Informationen über die verfolgten Christen in Indien Ihr Leben bereichern werden. Vor allem aber bete ich dafür, dass Sie in diesem Buch Jesus begegnen, so wie ich ihm jedes Mal begegne, wenn ich in die Augen eines (verfolgten) Bruders oder einer (verfolgten) Schwester blicke.

Kapitel 2

Ihre Gebete geben Kraft zum Singen

Seit meinem ersten, schon lange Jahre zurückliegenden Besuch in Indien ist Pastor Samuel ein guter Freund von mir. Sein Team wird von Open Doors unterstützt (auf welche Art das geschieht, darf ich aus Sicherheitsgründen nicht offenlegen), und er leitet sein Team mit viel Engagement. Er ist bescheiden, glaubt leidenschaftlich an Jesus und verbreitet mutig das Evangelium. Sein großes Herz hat mich nachhaltig beeindruckt. Ich könnte ihm stundenlang zuhören und möchte Ihnen die Worte, mit denen er die Zustände in Indien beschreibt, direkt wiedergeben. Er erklärt, was dort geschieht, was er zu tun versucht, warum unsere Hilfe so bitter nötig ist und um welchen Einsatz es geht. Dabei macht er sich auch Gedanken zu Habakuks Gebet: „Herr, wie lange?"

Doch dies soll als Einleitung reichen. Doch lassen wir Pastor Samuel selbst berichten: „Ich befand mich in einem kleinen Krankenzimmer eines Hospitals, zusammen mit einer trauernden Familie. Im Bett lag ein junger Teenager. Sie war missbraucht worden, weil sie und ihre Eltern Christen sind. Meine Gedanken kreisten wild durcheinander. Ich wollte sagen, dass alles besser werden würde, dass sie das überstehen würden und dass Gott ein liebender Gott sei … Aber jedes Wort, das ich sagte, schien einfach im Nichts zu verhallen.

‚Sie spricht nicht mehr', erklärte ihre Mutter. ‚Dabei hat sie so eine schöne Stimme. Sie hat immer so gerne gesungen.'

‚Kannst du für uns singen? Für Jesus vielleicht?', bat ich das Mädchen. Doch es wandte seinen Kopf ab.

Heute früh erhielt ich drei Textnachrichten. Eine davon berichtete von drei Christen, die wegen ihres Glaubens brutal zusammengeschlagen wurden. In der nächsten ging es um zwei Pastoren, die ins Krankenhaus gebracht werden mussten, nachdem sie von hinduistischen Fundamentalisten gefoltert worden waren. Einer von ihnen befand sich in kritischem Zustand. Die dritte Textnachricht handelte von einem körperlich eingeschränkten Pastor, der von einem über hundert Personen starken Mob angegriffen wurde.

Fast täglich stelle ich mir die Frage: ‚Herr, wie lange? Wie lange wirst du diese Gewalt gegen deine Leute noch zulassen?'

Das Wunderbare an der Bibel ist, dass dort in Gottes Wort schon fast alle unsere Gebete aufgezeichnet wurden. So wie ich betete der Prophet Habakuk: ‚Wie lange wird die Ungerechtigkeit noch herrschen?' Ich kann Habakuks Seelenqual nachfühlen. Es ist meine eigene Pein und sicher auch die Ihre."

Pastor Samuel berichtet weiter: „Wenn ich davon erzähle, kann ich Ihre Frage förmlich hören: Was ist denn eigentlich in Indien genau los?

Kurz zusammengefasst: Hinduistische Nationalisten versuchen Indien in ein ‚Hindustan' zu verwandeln, in dem es keinen Platz für Christen, Muslime oder anderweitig religiöse Menschen gibt. Das geschieht über staatliche und bundesstaatliche Regelungen, Willkommensveranstaltungen (bei denen Nicht-Hindus durch hinduistische Rituale im hinduistischen Glauben ‚willkommen geheißen' werden) sowie Druck und Gewalt an der Basis. So versuchen sie, einen idealen Staat zu schaffen: Wenn jemand Inder ist, dann muss er auch ein Hindu sein. Wenn jemand kein Hindu ist, dann ist er auch kein Inder. So sehen das die hinduistischen Nationalisten.

Wir, die indischen Christen, lieben unser Land. Wir beten jeden Tag für unser Land. Das Christentum ist keine fremde Religion – es ist seit 2.000 Jahren Teil unseres Landes. Wir sind Christen und wir sind Inder.

Wir beten darum, dass mehr Menschen uns akzeptieren. Vor Kurzem habe ich den Bericht eines Christen gehört, der von Leuten aus seinem Dorf zusammengeschlagen wurde, nachdem sie ihn bereits fünf Jahre lang unter Druck gesetzt hatten. Jedes Mal hatte er geantwortet, dass er Jesus mit Freuden nachfolgt. Nach fünf Jahren der verbalen Attacken wurden sie dann wirklich handgreiflich.

Wir hören aus immer mehr Orten in Indien, dass so etwas geschieht. Bevor die Christen körperlich attackiert werden, werden sie beschimpft, bedroht, geächtet und manchmal sogar aus dem Dorf gejagt. Dieses Schicksal erwartet jeden Hindu, der sich zum christlichen Glauben bekehrt.

Und es gibt keinen Ort, an dem man sich verstecken kann. Die Menschen bemerken es, wenn jemand die Götterdarstellungen aus seinem Haus und Garten entfernt, aufhört den Tempel zu besuchen und den hinduistischen Ritualen fernbleibt. Dann werfen sie demjenigen vor, dass er die Dorfgötter verärgert. Sie sind davon überzeugt, dass sie etwas dagegen unternehmen müssten. Und wer erst einmal die meisten Dorfbewohner gegen sich aufgebracht hat, kann kaum auf Unterstützung von der Polizei hoffen.

So war es auch bei Jitendra. Die Dorfbewohner legten einen Entwässerungskanal direkt vor seinem Haus an und warfen ihren ganzen Müll dort hinein. ‚Sie haben unser Zuhause in eine Kloake verwandelt', erzählte er. Als er trotzdem nicht wieder zum Hinduismus konvertierte, schlugen ihn die Dorfbewohner und drückten seinen Kopf dabei in den Kanal.

‚Mir blieb nichts als zu beten: Herr, nur du kannst mir helfen!'

Jenes Gebet ist wie ein Echo von Habakuks Flehen: ‚Wie lange?'

In Habakuk 1 finden wir Gottes Antwort: ‚Seht euch einmal unter den Völkern um! Ja, schaut genau hin, und ihr werdet aus dem Staunen nicht mehr herauskommen! Was ich noch zu euren Lebzeiten geschehen lasse, würdet ihr nicht für möglich halten, wenn andere es euch erzählten.' Und in Habakuk 2: ‚Der Herr dagegen wohnt in seinem heiligen Tempel. Seid still vor ihm, ihr Menschen auf der ganzen Welt!'

Das ändert alles. Gott ist gegenwärtig. Er handelt. Er lenkt alles. Er ist der Höchste. Und deswegen können wir gemeinsam mit Habakuk beten: ‚Noch trägt der Feigenbaum keine Blüten, und der Weinstock bringt keinen Ertrag, noch kann man keine Oliven ernten, und auf unseren Feldern wächst kein Getreide; noch fehlen Schafe und Ziegen auf den Weiden, und auch die Viehställe stehen leer. Und doch will ich jubeln, weil Gott mich rettet, der Herr selbst ist der Grund meiner Freude! Ja, Gott, der Herr, macht mich stark; er beflügelt meine Schritte, wie ein Hirsch kann ich über die Berge springen.'

Mit anderen Worten: Selbst wenn das Schlimmste geschieht, können wir uns in Gott freuen und in ihm Kraft finden.

Kraft finden wir also im Herrn. Unser Vater im Himmel handelt durch unsere Mitmenschen. Er hat es uns ans Herz gelegt, uns mit unseren fremden Brüdern und Schwestern zu verbinden und zusammenzuarbeiten, um etwas zu bewirken. Wir sind nicht *gegen* Indien und auch nicht *gegen* Hindus. Sondern wir sind *für* Jesus und wir wollen Indien seine allumfassende Liebe zeigen.

Mithilfe von Open Doors haben wir daher die Kampagne *Impact India* ins Leben gerufen, und Sie, liebe Leser, können in Indien tatsächlich etwas bewirken. Wir wünschen uns Folgendes:

Christen weltweit vereinen sich mit den indischen Christen, um unsere Anstrengungen (also die gemeinsamen Anstrengungen von *Open Doors* mit den Kirchen vor Ort) angesichts der wachsenden Flut extremistischer Verfolgung in den kommenden zwei Jahren zu verdoppeln.

Was das konkret heißt? Es bedeutet, dass wir (die indischen Christen) Sie (die Christen weltweit) bitten, uns angesichts des zunehmend extremistischen Hinduismus' zur Seite zu stehen. Durch Ihre Gebete und Spenden können wir Menschen helfen, indem wir Bibeln, Kinderbibeln und Materialien für Sonntagsschulen verteilen.

Außerdem können wir Pastoren, Kirchenmitarbeiter, Frauen, Jugendliche, Kinder und Familien ganzheitliche Seminare anbieten, um sie darauf vorzubereiten, mit der Verfolgung umzugehen; wir können sie durch Notfallhilfe, Alphabetisierung und Projekte zum Lebensunterhalt unterstützen. Gemeinsam können wir den Christen beistehen, die in Indien von Verfolgung bedroht und betroffen sind.

Und nicht nur das – wir wollen unsere Hilfe sogar verdoppeln! Das heißt, wir wollen einerseits noch mehr Menschen erreichen (aus Sicherheitsgründen können wir keine genauen Zahlen nennen), aber wir wollen auch die Menschen, die wir bereits erreicht haben, noch stärker unterstützen. All das kann nur gelingen, wenn Sie uns beistehen.

Ich bitte Sie inständig, uns dabei zu helfen! Indem Sie dieses Buch lesen, machen Sie deutlich, dass Sie uns zur Seite stehen. Ich kann Ihnen aus eigener Erfahrung sagen, dass es einen großen Unterschied macht, ob wir bei unseren Aufgaben Unterstützung erhalten und die Gebete von Tausenden von Brüdern und Schwestern uns begleiten oder ob wir alleine sind.

Wissen Sie, was in diesem kleinen Krankenhauszimmer geschah, von dem ich anfangs erzählte? Das Mädchen hatte das Gesicht immer noch zur Wand gedreht. Ich wollte gerade aufstehen, mich von der Familie verabschieden und gehen, als ich auf einmal eine zarte Stimme hörte. Das Mädchen sang. Ihr Gesang richtete sich nicht an ihre Familie. Nicht an mich. Sondern an Jesus.

Sie sang:

Jesus, lass mein Leben weiterhin ein Lobpreis deines Namens sein,
mein Leben soll dir gut gefallen.
Niemand kommt dir gleich,
mein Leben soll ein Zeugnis von dir sein.
Mein Leben lang will ich dein Loblied singen.

Sie hatten sie geschlagen und missbraucht. Sie hatten ihr die Unschuld und Unversehrtheit geraubt. Aber ihr Glaube war ungebrochen. Sie blieb bei ihrer Entscheidung, Jesus nachzufolgen – und Sie als Leser hatten einen großen Anteil daran, auch wenn es Ihnen noch nicht bewusst war. Ich hoffe, dass Sie dies nie vergessen werden:

Ich bin in dieses Krankenhaus gegangen, um Ihre Spenden zu übergeben, aber es waren Ihre Gebete, die dem Mädchen die Kraft zum Singen gaben."

Zum Weiterdenken

Elia war ein Mensch wie wir. Er betete inständig, es möge nicht regnen, und tatsächlich fiel dreieinhalb Jahre kein Wassertropfen auf das Land. Jakobus 5,17

1. Was berührt Sie in Pastor Samuels Geschichte über das junge Mädchen besonders?
2. Glauben Sie, dass ein Gebet Kraft schenken kann? Welche (persönlichen) Erfahrungen haben Sie damit? Kennen Sie auch in der Bibel Beispiele dafür?
3. Als Jesus auf der Erde gelebt hat, betonte er immer wieder, wie wichtig Zusammenhalt ist – aber die meisten verfolgten Christen leben weit von uns entfernt. Wie können wir ihnen Zusammenhalt bieten?
4. Der Prophet Elia erlebte eine der erstaunlichsten Gebetserhörungen: Auf sein Gebet hin regnete es dreieinhalb Jahre lang nicht. Selbst die Baalspriester konnten ihren Gott nicht dazu bringen, Feuer auf ihrem Altar zu entfachen. Elias Gott aber schickte Feuer vom Himmel. Und doch schreibt Jakobus, dass Elia ein Mensch wie wir war. Was bedeutet das?
5. Wenn wir doch zu dem selben allmächtigen Gott beten können wie Elia, wieso beten wir dann nicht immer voller Zuversicht?
6. Open Doors-Gründer Bruder Andrew sagte einmal, dass die Länge unserer Gebete beim Abendessen ein Zeichen dafür ist, wie es um das Beten in unserem Leben insgesamt bestellt ist. „Wenn Sie zum Abendessen ein langes Gebet sprechen müssen, dann haben Sie den Tag über nicht genug gebetet." Sehen Sie das genauso? Wie sieht es mit Ihrem Gebetsleben aus?

7. Wenn Sie das Gefühl haben, dass Sie dem Beten in Ihrem Leben einen neuen Stellenwert einräumen müssen, wie sähe dann ein Plan aus, um diese Idee erst einmal sieben Tage auszuprobieren?

Kapitel 3

In Ihnen können andere Jesus sehen

Die Verfolgung der Christen in Indien gleicht dem Bengalischen Tiger, der im hohen Gras auf seine Beute lauert: Er ist oft viel näher, als dem möglichen Opfer bewusst ist. Genauso wie das indische Nationaltier schleichen sich die hinduistischen Extremisten leise und lautlos an ihre Beute an – jederzeit dazu bereit, über Christen herzufallen und ihnen Schlimmes anzutun. Über Meena (Mitte 30) und Sunita Das (Mitte 20) brach die Verfolgung mit solcher Macht herein, dass sie daran fast zerbrachen.

Meena und Sunita sind zwei Schwestern aus Odisha, einem Bundesstaat in Ostindien – besser bekannt unter seinem alten Namen „Orissa". Im Jahr 2008 griffen extremistische Hindus die Christen in Orissa brutal an. Sie warfen ihnen vor, sie hätten einen hinduistischen Heiligen ermordet. Bei dem Massaker verloren an die hundert Christen ihr Leben und mindestens hunderttausend Menschen wurden vertrieben. Es war das schrecklichste Ereignis religiöser Gewalt seit Indiens Unabhängigkeit im Jahr 1947! Die internationale Gemeinschaft kritisierte Indien daraufhin aufs Schärfste, doch bis heute sind Menschen wie Meena und Sunita immer noch genauso gefährdet wie im Jahr 2008.

Die in Blau gekleidete Meena ist die ältere der Schwestern – und das ist in meinem Gespräch mit den beiden auch zu merken. Mit dem Anflug eines Lächelns erzählt sie mir von der Verfolgung, die sie bisher erlebt haben. Ihre Schwester Sunita trägt ein orangefarbenes Kleid und sitzt auf dem Bett. Während sie ihrer Schwester zuhört, hat sie die Hände im Schoß gefaltet und schaut auf den Boden. Sie ist zart, wirkt zerbrechlicher, und ich frage mich, ob sie überhaupt in der Lage dazu ist, ihren Teil der Geschichte zu erzählen.

Ich beginne mein Gespräch mit der Frage, ob es überraschend für sie war, verfolgt zu werden. „Nein, wir wussten darüber Bescheid, weil in der Bibel davon berichtet wird", verneint Meena. „Als es dann so weit war, dankten wir Gott dafür."

Dann erzählt sie, wie sie und ihre Schwester durch einen christlichen Radiosender zum Glauben gefunden hatten. In den ersten Jahren gelang es ihnen, ihren Glauben zu verbergen.

„Radio zu hören war unser Gottesdienst", sagt Meena. „Wir hatten zunächst Angst wegen des feindlichen Umfelds. Aber 2006 ließen wir uns taufen und begannen den Gottesdienst in der Kirche zu besuchen. Mein Glaube war stärker geworden und ich dachte mir: ‚Wenn ich sterbe, werde ich wieder auferstehen.'"

Den „Sturm der Verfolgung" spürten sie ungefähr ein Jahr später zum ersten Mal, als die Bewohner ihres Dorfes ein Treffen einberiefen: „Sie beschlossen einmütig, dass Christen im Dorf nicht toleriert werden dürften. Meinen Vater ließen sie antreten und setzten ihn unter Druck, bis er nachgab: ‚Ich werde ihnen ihr Zimmer lassen, aber ich werde ihnen kein Essen und keine Kleidung geben.' Und so kam es auch: Er sperrte uns nicht ein, aber wir mussten uns in jeder Hinsicht selbst versorgen. Das ganze Dorf lehnte uns ab – und dennoch fühlten wir uns von Gott gesegnet!"

Bevor ich fragen kann, ob Gott sie denn in dieser Zeit der Prüfung begleitet hat, ist Meena mit ihrer Geschichte schon einen Riesenschritt weiter. Sie will über die Verfolgung berichten, die sie vor ein paar Monaten erlebte. Es begann damit, dass einige Hindus ihnen den Weg verstellten und ein paar Eimer mit Beeren raubten. „Christen dürfen keine Beeren pflücken", erklärten sie drohend. „Ihr dürft auch kein Wasser von der Wasserstelle holen oder die Straße durchs Dorf benutzen."

Meena, Sunita und zwei weitere Christinnen schafften es zu fliehen und sich bis Mitternacht auf einem Hügel versteckt zu halten. Fast acht Stunden lang konnten sie hören, wie die Extremisten herumschrien: „Wo sind sie? Verbrennt sie! Verbrennt sie!"

Als sie sich endlich etwas sicherer fühlten, machten sich die Christinnen auf den Weg in ein anderes Dorf. Dort angekommen, fanden sie bei anderen Gläubigen Unterschlupf für die Nacht. Am nächsten Tag suchten sie sofort die dortige Polizeistation auf. Ängstlich berichteten sie, was passiert war, und die dortigen Beamten nahmen Kontakt mit den Bewohnern aus Meenas und Sunitas Dorf auf. Sie vereinbarten, dass die Frauen ein paar Tage später zu „Friedensgesprächen" zurückkehren konnten.

„Jesus starb am Kreuz und das werdet ihr auch."

„Als der vereinbarte Tag gekommen war, gingen wir erst einmal nach Hause", berichtet Meena. „Eine Frau kam zu uns und begann damit, uns einzuschüchtern." Die Frage dieser Frau klingt Meena noch heute in den Ohren: „Warum seid ihr Christen geworden?"

Dann kamen noch mehr Leute zu ihrem Haus und Meena und Sunita wurden nach draußen gezerrt. Ein paar Männer schlugen sie mit Bambusstäben, erinnert sich Meena. „Sie haben mindestens fünf oder sechs davon auf meinem Rücken zerbrochen. Meine Schwester versuchte, mich zu beschützen, aber es gelang ihr nicht. Ich rief laut aus: ‚Danke, Herr! Jesus, vergib ihnen, denn sie wissen nicht, was sie tun.'"

Die Hindus ließ das völlig kalt. Einer von ihnen sagte gehässig: „Wir haben von Jesus gehört. Er starb am Kreuz und das werdet ihr auch!"

Meena erzählt weiter: „Ich betete einfach, dass Gottes Wille geschehe, was immer auch käme. Natürlich taten die Schläge schrecklich weh, aber in mir fühlte ich eine ungeheure Freude. Ich wurde als würdig erachtet, für Jesus zu leiden!"

Auf die Frage, wie ihr Glaube so stark geworden sei, antwortet sie ohne Zögern: „Gott gibt uns die Stärke."

Während unseres Gesprächs zeigt Meena in ihrem ganzen Verhalten, dass sie über eine außerordentliche Resilienz verfügt. Ihr Gesicht strahlt vor Freude – ein Strahlen, das man sonst nur bei einer Braut an ihrem Hochzeitstag sieht.

Sunita sagte die ganze Zeit über kein Wort, doch ihre Augen sprechen Bände: Während sie der ruhigen Stimme ihrer Schwester lauscht, sieht sie die Ereignisse des Tages, an dem sie zusammengeschlagen wurden, erneut wie einen Film in ihrem Inneren ablaufen.

Ich nehme Augenkontakt zu ihr auf. Ich weiß, dass unsere Zeit abgelaufen ist. Es war ein langer Tag, das Team ist müde. Dennoch bricht es aus mir heraus: „Wärst du auch bereit, uns deine Geschichte zu erzählen?"

Als der Dolmetscher meine Worte übersetzt, nickt Sunita,

aber die Hände, die sie im Schoß gefaltet hält, verkrampfen sich. Sie schließt die Augen und scheint still zu beten, bevor sie zu sprechen beginnt. Ich muss ihr kaum eine Frage stellen, denn die Worte fließen nur so aus ihrem Mund. Ihre Stimme ist jedoch dabei so zittrig wie die Töne eines verstimmten Saiteninstrumentes.

„Als die Frau aus dem Dorf zu uns ins Haus kam, schrie sie uns an: ‚Warum seid ihr Christen geworden? Wir wollen hier keine Christen! Geht in ein Christendorf.‘ Sie schlug mich drei Mal. Dann kamen viele andere Leute. Meine Schwester und ich versuchten, uns gegenseitig zu schützen, aber wir konnten es nicht. Sie verhöhnten und beschimpften uns. Ich dachte, ich würde sterben! Ich ertrug die Schläge einfach still und betete. Betete so lange, bis ich das Bewusstsein verlor. Dann haben sie mich wohl aus dem Dorf hinausgezerrt. Als ich wieder zu mir kam, tat mein Handgelenk schrecklich weh. Ich sah den gebrochenen Knochen – er stand heraus. Ich erhob mich mühsam und verließ das Dorf.“

Sunita streicht mit ihrer rechten Hand über ihren linken Arm, als sie erklärt, wie die Männer ihr mit den Bambusstöcken das Handgelenk brachen. Dann berührt sie mit beiden Händen ihre Schultern, um zu zeigen, wie sie aus dem Dorf geschleppt und dem Tod überlassen wurde.

Auf ihrer Flucht aus dem Dorf hörte sie, dass jemand ihr folgte. Verzweifelt suchte sie nach einem Versteck. Zu dem Zeitpunkt hatte sie keine Ahnung, ob ihre Schwester Meena noch lebte oder bereits tot war. Als Sunita einen Ziegenstall entdeckte, flüchtete sie sich dort hinein. Durch die Löcher im Holz konnte sie ihre Angreifer nicht nur sehen, sondern sogar auch sprechen hören.

„Ich kauerte mich in eine Ecke und betete, dass meine

Schwester noch am Leben sein möge und dass Gottes Wille geschehe. Ich sagte zu Gott: ‚Entweder ich sterbe oder ich werde zu einer Zeugin für dich! Was auch immer geschieht – lass mich zu einer Waffe werden, Herr! Lass andere dich in mir erkennen!'"

Endlich gingen die Männer, und kurze Zeit später fanden die schwer verletzten Schwestern im Haus einer anderen Christin wieder zusammen. „Aber sie hatte Angst, uns zu helfen", erinnert sich Sunita. „‚Wenn sie herausfinden, dass ihr hier seid, werden sie euch töten. Geht ins nächste Dorf', wurde uns gesagt. Also machten wir uns wieder auf den Weg. Im nächsten Dorf angekommen, nahm eine andere christliche Familie uns bei sich auf und brachte uns auch ins Krankenhaus."

Als ich die beiden Schwestern zum ersten Mal traf, lebten sie noch in ihrem Versteck. Mithilfe der Christen vor Ort konnte Open Doors ihnen Lebensmittel und andere Dinge des täglichen Bedarfs zukommen lassen. Wir übernahmen auch die Kosten für die medizinische Versorgung.

„Ich danke Gott für die Verfolgung", erklärt Meena. „Gott hat uns im Voraus gewarnt, dass dies geschehen würde und dass er für uns sorgen würde. Wir waren vorbereitet. Vielen Dank, dass ihr für uns gebetet und uns geholfen habt. Für uns war die Botschaft der Bibel bisher nur Theorie, aber wenn man Verfolgung erlebt und nicht vom Glauben abfällt, sondern Zeugnis für Gott ablegt, dann weiß man, dass sie auch Realität ist. Ihr habt uns geholfen, stark zu bleiben."

Die Worte der beiden Schwestern bewegten mich damals tief, besonders Sunitas Gebet, in dem sie sagte, dass Gottes Wille geschehen solle, selbst wenn sie dadurch zur Märtyrerin werden würde. Aber sie bat Gott auch, sie zu retten und als lebendige Zeugin wirken zu lassen.

Zwei Jahre nach diesem Treffen bekam ich nun die Chance, Meena und Sunita erneut in Indien zu besuchen. Manches hat sich geändert: Die beiden sind sehr viel glücklicher als bei unserem ersten Treffen. Andere Dinge sind gleich geblieben: Meena übernimmt das Gespräch wieder vollständig.

Was Verfolgung einen Christen kostet

Ich frage sie: „Wenn ihr eine Bilanz dessen ziehen müsstet, was ihr durch die Verfolgung verloren habt, wie sähe diese aus?"

Sie zählt die Verluste auf, als handele es sich um ihre Einkaufsliste: „Wir haben unser Zuhause verloren, unsere Reisernte, 45 Ziegen sowie unsere Wäsche und Kleider. Wir wurden aus dem Dorf vertrieben. Wir haben unsere Freunde und unsere Familie verloren, und als wir ein neues Haus bauen wollten, wurden uns die Ziegel und das Holz gestohlen."

Die Schwestern sind immer noch täglich Verfolgung ausgesetzt. Verhöhnung und andere Formen der Diskriminierung kommen häufig vor.

„Wenn die Menschen uns beschimpfen, dann macht mich das natürlich manchmal traurig", erklärt Meena, „aber ich vergesse nie Gottes Versprechen und seine Liebe zu mir. Dass ich verfolgt werde, freut mich. Ich freue mich sehr über Gott! Und ich habe niemals Angst. Wenn wir Angst hätten, dann hätten wir Christus schon vor Jahren verlassen. Wir sind so dankbar für eure Gebete und eure Unterstützung. Dank euch konnten wir einen kleinen Laden eröffnen. Er ist klein – nur 1 x 2 Meter groß, aber damit können wir genug für uns und zwei weitere christliche Schwestern verdienen. Die eine arbeitet als Krankenschwester in einem anderen Bundesstaat, aber sie lebt mit uns zusammen. Die andere kann dank unseres Einkommens studieren. Außerdem berichten wir bei Seminaren für verfolgte Christen, was wir erlebt haben."

Obwohl Meena bewegende Dinge erzählt, sind es erneut Sunitas Worte, die mich ganz tief berühren. Sie ist fröhlich, aber gleichzeitig zu aufgewühlt, um viel zu sagen. Irgendwann frage ich: „Wie fühlst du dich, wenn du an den Tag zurückdenkst, an dem du fast zu Tode geprügelt wurdest?"

Sie schaut mir fest in die Augen, als sie sagt: „Meine Schwester hat sich zwischen mich und die Angreifer gestellt. Sie war wie Jesus und hat die Schläge eingesteckt, die für mich gedacht waren."

Wie recht sie hat. Meena hat sich geopfert und die Schläge eingesteckt, um ihre Schwester zu beschützen. Doch am Anfang der Übergriffe hatte Sunita das Gleiche für ihre Schwester getan. Und nun arbeiten sie, damit zwei weitere Frauen studieren und ihren Glauben festigen können. „Wir leben wirklich für Christus", sagt Sunita. „Ich kenne die Namen der Menschen, die uns verfolgt und geschlagen haben, und ich bete jeden Tag für sie."

Und Gott erhört ihre Gebete! Im Vergleich zum ersten Treffen hat es den Anschein, als sei die Stimmung in ihrem Herkunftsdorf weniger feindselig geworden. All das, weil die beiden Schwestern diese schrecklichen Übergriffe durchgestanden und einander aufopferungsvoll geschützt haben. Sie waren bereit, für Gott ihr Leben zu geben. So wie Jesus es für uns alle getan hat!

Zum Weiterdenken

Was ich auch immer für euch erleiden muss, nehme ich gern auf mich; ich freue mich sogar darüber. Das Maß der Leiden, die ich für Christus auf mich nehmen muss, ist noch nicht voll. Und ich leide für seinen Leib, für seine Gemeinde. Kolosser 1,24

1. Wie kann sich jemand in seinem Leiden freuen?
2. Was lehren uns Meena und Sunita in Bezug auf diesen Bibelvers? Was hat ihnen die Kraft gegeben, sich zu freuen?
3. Was könnte „Das Maß der Leiden … ist noch nicht voll" bedeuten? Unsere Sünden sind doch zweifellos vollständig gesühnt.
4. Meena und Sunita haben uns deutlich vor Augen geführt, was es heißt, für Jesus zu leiden. Wie kommt es, dass ihre Geschichte uns eher ermutigt als entmutigt?
5. Meena und Sunita wären fast für die Botschaft der Bibel gestorben, aber sie haben die Qualen überstanden. Welche Botschaft sendet das an die Verfolger aus?
6. Welche Teile der Geschichte können Sie nachempfinden?
7. Ist es möglich, Gott durch Leiden zu ehren? Wie? Was können wir von Meena und Sunita lernen? Was können wir von Jesus selbst lernen?

Kapitel 4

Warum lässt Gott Leid zu?

Es ist der erste Tag meiner ersten Indien-Reise und ich freue mich darauf, die verfolgten Christen kennenzulernen. Gleichzeitig bin ich aber auch unsicher: Noch nie habe ich mit den Christen hier zusammengearbeitet und weiß daher auch nicht, ob sie meine Fragen verstehen werden, ob ihnen klar ist, warum wir unsere Gespräche führen, und ob überhaupt jemand in der Lage ist, meine Fragen verständlich zu übersetzen. Außerdem habe ich keine Ahnung, ob die ausgewählten Gesprächspartner alle gut vorbereitet wurden.

Eine Sache ist auf jeden Fall schon einmal sehr gut geregelt: Wir befinden uns an einem ausgesprochen ruhigen Ort. Zwar hört man den Verkehr hinter den Mauern, aber wir sitzen in einem Garten und können uns unterhalten, ohne dass uns jemand sehen oder hören kann. Vor dem ersten Interview bitte ich zunächst darum, dass sich alle Gesprächspartner versammeln, damit ich ihnen erklären kann, was sie erwartet.

Es ist eine kleine Runde von vier Männern und zwei Frauen (Meena und Sunita), die sich meine Einführung anhört. Ich erkläre ihnen, dass ich aus einem Land in Europa komme und sie und ihre Geschichte gerne kennenlernen würde, um Tausende oder vielleicht sogar Millionen von Menschen zu ermutigen, für die Christen in Indien zu beten.

Wie in den asiatischen Kulturen üblich, nicken alle höflich. Niemand unterbricht mich mit einer Frage. Verlegenes Schweigen herrscht am Ende meiner Ausführungen, das ich mit dem typischen „Hat irgendjemand irgendwelche Fragen?“ aufzulockern versuche.

Ein ernst blickender, für einen Inder recht großer junger Mann mit einem rosa Hemd und einem kleinen Schnurrbart meldet sich. Auf mein erfreutes Nicken hin sagt er: „Ich habe da eine Frage: Warum lässt Gott unser Leid zu?“

Jitendra ist 21 Jahre alt und zusammen mit seinem Vater hier an diesen friedlichen Ort gekommen. Ihm ist großes Leid widerfahren, weil er sich zu Jesus bekannt hat, und ich glaube nicht, dass er bereit sein wird, diesen Ort ohne Antwort zu verlassen.

Ich schlucke. Dem Schriftsteller in mir ist klar, dass hier eine wichtige Geschichte zu erzählen ist, gleichzeitig ist der Christ in mir traurig, dass der junge Mann dieses Geheimnis noch nicht kennt. Wie ich ihm antworten soll, weiß ich nicht. Ich hatte gehofft, dass wir über diese Frage erst *nach* dem Gespräch reden würden.

Doch einer der Leiter der lokalen Gemeinde reagiert schneller als ich: „Das ist eine absolut wichtige Frage, aber du musst dir klarmachen, dass Jesus selbst für uns gelitten hat. Werden wir verfolgt, verstehen wir ihn besser.“

Weil Jitendra keine weiteren Fragen stellt, suchen wir uns einen Platz unter ein paar Bäumen in dem grünen Garten der Gemeinde. Jenseits der Mauer spielen Kinder. Jemand bringt uns einen starken Tee mit viel Zucker. Die Atmosphäre könnte eigentlich nicht friedlicher sein. Doch in Jitendras Kopf laufen die Erinnerungen wie ein Film ab, spulen vor, dann wieder zurück und all das in einem rasanten Tempo. Wären sie tatsächlich ein Film, dann würde er aufgrund der Gewaltszenen erst ab 18 freigegeben werden.

Bei unserem Gespräch ist Jitendra Sal erwachsen, doch in

seinem Bericht nimmt er uns mit in die Teenagerzeit vor sechs Jahren, als er und der Rest seiner Familie noch die hinduistischen Götzenbilder anbeteten: „Ein Freund von mir erzählte mir über den einen, wahren Gott, Jesus Christus. Er schenkte mir einen christlichen Flyer mit der Botschaft des Evangeliums, aber ich wusste nicht, was ich damit anfangen sollte. Also stellte ich den Flyer auf unseren Familienaltar und betete ihn genau so an wie die Götzenbilder daneben. ‚Nicht anbeten, sondern lesen', meinte mein Freund daraufhin. Das versuchte ich, aber irgendwie blieben mir die Worte fremd. Daher bat ich einen meiner Lehrer um Rat. Der jedoch meinte nur: ‚Schmeiß ihn weg. Das willst du gar nicht lesen.'"

Zu der Zeit war die halbe Familie Jitendras krank. Er berichtet: „Ich hatte auch Kopfschmerzen und Fieber, und obwohl ich viele hinduistische Rituale vollzog, wurde ich nicht gesund. Deswegen besuchte ich zusammen mit einem Christen eine Gebetsveranstaltung, und dieser fremde Gott dort heilte mich sofort. Das war für mich der Anlass, nun regelmäßig zum Gottesdienst zu gehen, und später begleitete mich auch meine Familie. Zu Hause lasen meine Eltern das Neue Testament."

Allerdings standen weiterhin die ganzen Götzenbilder bei ihnen im Haus. „Als wir die Sonntagsschule besuchten, erfuhren wir im Unterricht, dass wir nur einen Gott anbeten sollten und dass all die anderen Götter nicht echt waren. Meine Geschwister und ich nahmen daraufhin die Götzenbilder von dem Altar in unserem Haus und verbrannten sie draußen. Meine Eltern mussten nicht einen Handgriff tun."

Langsam, aber sicher wuchs die Ablehnung gegenüber der Familie Sal, denn es war leicht zu erkennen, dass sie nicht mehr dem hinduistischen Glauben anhingen. Die Familie brachte den Götzenbildern keine Opfer mehr dar und weigerte sich, für hinduistische Feste zu spenden. Jitendra erinnert sich an diese Zeit: „Die Dorfältesten kamen zu uns und setzten uns unter Druck. Sie sagten: ‚Ihr werdet diskriminiert und sogar aus dem Dorf vertrieben werden.'"

Jitendra und sein Vater sprachen mit dem Pastor und dieser stärkte sie mit Gottes Wort. „Er zeigte uns in der Bibel, warum wir nicht an den heidnischen hinduistischen Ritualen teilnehmen sollten, und betete zum Herrn, dass dieser uns in unserer Not helfen sollte. Eigentlich betete die ganze Gemeinde für uns. Ganz bewusst besuchten sie uns eine Zeit lang nicht zu Hause, um Gerede zu vermeiden."

Dennoch wurde viel über die Familie getuschelt. „Wenn meine Mutter auf den Markt ging, wurde sie oft von anderen Frauen sehr direkt angesprochen: ‚Warum spendet ihr kein Geld für unsere Dorffeste?'"

Üblicherweise spendet in Indien jeder aus der Dorfgemeinschaft für all die verschiedenen hinduistischen Feste und religiösen Rituale. Verweigern Christen diese Unterstützung, gibt es regelmäßig Probleme. „Zur gleichen Zeit fing es an, dass meine Geschwister und ich in der Schule gemobbt wurden. Sogar meinen besten Freund verlor ich damals. Er meinte: ‚Ich kann nicht mehr dein Freund sein, wenn du an fremde Götter glaubst.' Wegen all dieser Dinge, die ich erleiden musste, weinte ich viel."

Jitendra erzählt, dass der Dorfrat einige Zeit später beschloss, ihnen eine regelrechte Falle zu stellen. „Zuerst wollten sie uns etwas anhängen, aber sie konnten nichts finden. Dann kamen sie auf die Idee, vor unserem Haus einen Entwässerungskanal anzulegen. Von zwei Seiten aus begannen sie zu graben. Ein paar Männer kamen zu uns und baten um Erlaubnis, auch auf unserem Land graben zu dürfen. Zuerst lehnten wir das ab, aber der Druck wurde immer stärker, und schließlich gaben wir nach. Für eine Weile schien es so, als sei unser Verhältnis zu den Dorfbewohnern dadurch wieder besser geworden, doch letztes Jahr kamen sie erneut zu uns und verlangten einen Beitrag für die hinduistischen Feste. Weil wir das ablehnten, beschimpften sie uns – und nicht nur das: Sie warfen Abfall in den Kanal, sogar Kuhdung. Unser Zuhause wurde ihre Kloake."

Jitendras Mutter ging zum Dorfrat, um sich zu beschweren, aber sie wurde ausgelacht. „Das ist ein Entwässerungskanal, niemand wirft Müll in einen solchen Kanal."

Wenn Jitendra das Haus betreten wollte, musste er über den Abfall springen, der in der Sonne verrottete. Der Gestank war ekelhaft und Ungeziefer kam ins Haus. Er erzählt: „Manchmal brachte ich vor Ekel keinen Bissen hinunter. Wir beteten zwar für diejenigen, die Abfall in den Entwässerungskanal warfen, aber irgendwann war es so weit, dass wir bei der Polizei Anzeige erstatten mussten."

Damit zog die Familie Sal die Wut der Dorfbewohner auf sich. Als Jitendras Mutter einmal alleine zu Hause war, drangen einige Leute dort ein und verprügelten sie. Am nächsten Tag wurde die Familie vor den Dorfrat zitiert. „Wir sollten die Anzeige bei der Polizei zurückziehen, ansonsten würden sie uns nicht erlauben, im Dorf zu bleiben", berichtet Jitendra.

Am nächsten Tag, als Jitendras Vater aufs Feld ging, um sich zu erleichtern, lauerten ihm Männer auf und ergriffen ihn. „Ich war an dem Tag zu Hause", berichtet Jitendra. „Wir hörten plötzlich meinen Vater schreien und ich rannte nach draußen, um ihm zu helfen. Doch drei der Männer packten mich von hinten, hoben mich in die Luft und warfen mich dann zu Boden. Ein Mann steckte seine Finger in meinen

Mund und zog mich nach hinten, während ein anderer meine Beine mit einem Holzstock fixierte. Ich dachte, ich würde sterben. Dann zogen sie mich durch den Schlamm zum Entwässerungskanal und drückten meinen Kopf in den Müll. Ich konnte nicht atmen und war mir sicher, dass ich diese Folter nicht überleben würde. Aber irgendwie gelang es mir doch. Sie schlugen mich die ganze Zeit mit Stöcken. In der Ferne konnte ich meine Mutter schreien hören."

Als die Männer fort waren, machten sich Jitendra und sein Vater Krishna trotz großer Schmerzen auf den Weg zur Polizei. Gerade so schafften sie es dorthin, dann brach Jitendra zusammen. Als er wieder zu sich kam, lag er im Krankenhaus. „Der Arzt sagte mir, dass mein Bein gebrochen sei. Auf dem CT war auch eine gerissene Ader zu erkennen."

Doch der emotionale Schmerz war noch viel größer. „Meine Mutter schrie völlig verzweifelt: ‚Wir können nirgendwo hin!' Im Krankenhaus dachte ich die ganze Zeit nur: ‚Wie kann ich bloß meine Familie beschützen?' Doch dann fiel mir ein, dass ich mir in der Nacht vor dem Angriff dieselbe Frage gestellt hatte. Und da hatte mich der Gedanke getröstet, dass allein Gott uns schützen kann. Er würde sich unter allen Umständen um uns kümmern!"

Zu der Zeit, als ich die Familie Sal kennenlernte, lebte sie in Sicherheit, war aber auseinandergerissen. Man hatte die Familienmitglieder auf mehrere sichere Unterkünfte verteilt. Gemeinden vor Ort, die mit Open Doors in Verbindung standen, unterstützten sie und übernahmen die Kosten für die medizinische Behandlung. Wir boten Jitendra und seinem Vater auch an, eines unserer Seminare zu besuchen. Dort lernen die Teilnehmer, mit Verfolgungssituationen umzugehen und was die Bibel alles zu Verfolgung sagt.

Jitendra bekräftigte: „Ich bin dankbar und preise Gott für eure Unterstützung. Ich möchte allen Menschen danken, die für unsere Familie beten. Betet, dass wir eines Tages in unser Dorf zurückkehren können und dass auch die anderen Dorfbewohner den Herrn kennenlernen."

Ich hatte mir die Frage, die ich ihm stellen wollte, bis zum Schluss aufgehoben. „Quält es dich immer noch, nicht zu wissen, warum Gott Leid zulässt?"

Er schüttelt den Kopf. „Wenn ich mich erinnere, dass Jesus auch gelitten hat, dann ist mir das Antwort genug. Ich weiß, dass Gott mich nie verlassen oder im Stich lassen wird."

Ich bin verblüfft. Ein kurzer Hinweis hat Jitendras Sicht auf das Thema, über das die Menschen seit Tausenden von Jahren diskutieren, vollständig verändert. Denn er konzentriert sich nicht länger auf das, was er nicht versteht – warum Gott Leid zulässt –, sondern auf das, was er sicher weiß, nämlich dass Gott ihn niemals verlassen oder im Stich lassen wird. Es reicht ihm die Gewissheit, dass Jesus seinen Sieg über Sünde und Tod durch Leiden errungen hat.

Zum Weiterdenken

Gott, du bist doch mein einziger Halt! Warum hast du mich vergessen? Warum lässt du mich leiden unter der Gewalt meiner Feinde? – Psalm 42,10

1. Was bleibt Ihnen an Jitendras Geschichte besonders im Gedächtnis?
2. Was hätten Sie Jitendra auf seine Frage nach dem Sinn des Leids geantwortet?
3. Wenn Sie in seiner Haut stecken würden, hätte Sie die Antwort „Weil Jesus auch für uns gelitten hat" zufriedengestellt? Warum bzw. warum nicht?
4. Die Bibel ist voller Beispiele von Menschen, die Gott anzweifeln. Psalm 42 ist ein besonders gutes Beispiel dafür. Fallen Ihnen weitere biblische Schriften oder Personen ein, die Gottes Weisheit anzweifeln?
5. Was drücken wir eigentlich damit aus, wenn wir Gott fragen, warum er bestimmte Ereignisse zugelassen hat?
6. Lesen Sie Psalm 42. Es hat den Anschein, als sei David aufgrund der Verfolgung sehr verzweifelt, denn er fragt: „Warum ist mein Herz so schwer?" Welche Antwort gibt er sich selbst?
7. Worauf konzentriert Jitendra sich? Sehen Sie hier einen Zusammenhang zur Geschichte von Meena und Sunita?

Kapitel 5

Gott prüft uns durch Verfolgung

„Ich hatte überhaupt nicht bemerkt, dass sich jemand in den Büschen verborgen hielt. Auf einmal sprang ein Mann heraus und stach fünf Mal mit seinem Buschmesser auf mich ein. Es gelang mir zu entkommen, aber ich fühlte mich dem Tod sehr nah. Und gestorben wäre ich auch, wenn Sie mir nicht geholfen hätten!

Manchmal habe ich das Gefühl, meine alte Stärke würde zurückkehren, aber dann gibt es wieder Tage, da scheint es, als müsste ich mein Leben lang in diesem Zustand verharren. Tag für Tag erlebe ich, was die Bibel uns lehrt, nämlich dass Verfolgung eine Prüfung unseres Glaubens ist."

Als wir uns begrüßen, stelle ich fest, dass Vipur ein paar Zentimeter kleiner ist als ich (und ich bin nicht groß). Er trägt braune Hosen, ein grünes Sweatshirt und die größte Sonnenbrille, die ich jemals gesehen habe. Kein Lächeln erscheint auf seinem Gesicht, und ich kann mich nicht erinnern, dass ich jemals zuvor einen so schwachen Händedruck erlebt habe. Nach unserer Begrüßung wartet er erst einmal ab, was als Nächstes geschieht.

Unsere Begegnung findet in dem Haus statt, in dem ich auch untergebracht bin. Ein einheimischer Christ, der meinen Besuch und dieses Interview organisiert hat, führt uns jetzt in ein kleines Zimmer, in dem wir auf Plastikstühlen Platz nehmen.

Zuallererst danke ich Vipur für seine Gesprächsbereitschaft. Dann erkläre ich ihm, dass ich hier bin, um seine

Geschichte anzuhören und sie den Christen weiterzuerzählen, die weltweit für Indien beten. Er nickt nur, und ich wünschte, er würde seine Sonnenbrille abnehmen (immerhin sind wir im Haus). Aber weil mir eine solche Bitte unhöflich erscheint, beginne ich einfach mit dem Interview.

„Würden Sie sich vorstellen?“, bitte ich ihn.

Seine knappe Antwort lautet: „Mein Name ist Vipur. Ich bin Pastor und 46 Jahre alt.“

Ich möchte mehr wissen und frage: „Haben Sie Familie?“

Wieder fällt die Antwort knapp aus: „Ich bin verheiratet, habe zwei Töchter (18 und 16 Jahre alt) und einen Sohn (14 Jahre).“

„Können Sie mir etwas über Ihre Gemeinde erzählen?“, frage ich weiter.

Erneut erhalte ich nichts als eine kurze Aufzählung von Fakten: „Ich leite mehrere Hauskirchen. Insgesamt sind es 60 Mitglieder. 40 davon sind getauft, die anderen lernen Jesus noch kennen.“

Fast jeden Satz muss ich ihm abringen – und das fällt mir richtig schwer. Dieser Mann hier hat uns doch so viel mitzuteilen und will eigentlich auch über das reden, was er erlebt hat. Warum ist er dann aber so zögerlich? Ist er noch traumatisiert? Ich kann es mir nicht erklären. Aber meine Erfahrung hat mich gelehrt, dass es eine Frage gibt, bei der fast alle meine Gesprächspartner auftauen, und diese Frage stelle ich ihm jetzt:

„Würden Sie mir erzählen, wie Sie zum Glauben gefunden haben?“

Auf Hindi antwortet er mit „Ja“. Dann setzt er sich auf seinem Stuhl zurecht und beginnt mit der Geschichte.

„Ich stamme aus einer hinduistischen Familie. Früher

führte ich ein Lotterleben und ließ nichts von dem aus, was gesellschaftlich verboten ist. Als meine Frau mit unserer zweiten Tochter schwanger war, wurde ich krank und suchte zahlreiche Ärzte auf, die mir alle möglichen Ratschläge gaben – tu dies, tu jenes. Weil nichts half, wandte ich mich sogar an Wunderheiler – aber die Krankheit wurde nur noch schlimmer."

Er wartet, bis der Übersetzer alles gedolmetscht hat und ich ihm mit einem Blick signalisiere, dass auch bei mir alles angekommen ist. Dann fährt er fort. „Ein Freund aus der Clique, mit der ich damals immer herumlungerte, hatte zu Jesus gefunden und unseren Freundeskreis verlassen. Wir hatten ein Jahr lang keinen Kontakt mehr zueinander gehabt. Aber als er von meiner Krankheit hörte, besuchte er mich und erzählte mir, wie Jesus sein Leben verändert hatte. Er sagte mir, dass Jesus auch mir helfen würde. Ich glaubte ihm kein Wort und dachte, er wolle mich einfach trösten. Ohnehin verstand ich nur die Hälfte von dem, was er sagte, weil es mir viel zu schlecht ging, um wirklich zuzuhören.

Doch mein Freund besuchte mich von da an jede Woche. Er betete für mich, und jedes Mal, wenn er für mich betete, ging es mir etwas besser. Nach vier Wochen sagte er: ‚Wenn du anfängst, an Gott zu glauben, wirst du vollständig geheilt werden.' Zu diesem Zeitpunkt hatte der Erfolg seiner Gebete schon die ersten Glaubensfunken in mir entfacht, aber ich hatte immer noch Angst zu sterben.

Zwei Wochen später begleitete ich ihn zu einem Gottesdienst, in dem der Pastor für mich persönlich betete. Ab da besuchte ich den Gottesdienst regelmäßig – und nach einem halben Jahr war ich vollständig geheilt! Nicht unbedingt nur auf übernatürliche Weise, sondern es schien mir auch so, als würden die Medikamente nun endlich anschlagen. Ich hatte zum Glauben an Gott gefunden und ließ mich einige Zeit später auch taufen."

Kurz darauf jedoch begann sein Umfeld sich gegen ihn zu stellen. Schmerzvoll erinnert er sich: „Meine Verwandten und Bekannten, zu denen ich immer ein gutes Verhältnis gehabt hatte, brachen plötzlich den Kontakt zu mir ab. Meine Frau verließ mich und nahm unsere beiden kleinen Töchter mit ... Verzweifelt wandte ich mich an Jesus: ‚Du hast mich gerettet, aber nun verlassen mich alle! Ich habe keine Freunde und keine Familie mehr. Warum hast du mich überhaupt gerettet?' Ich verfiel in Depressionen, wollte nur noch alleine sein und den ganzen Tag weinen. Aber ich fand Trost in Gottes Wort und bei einem Pastor, der mir Mut zusprach."

Allerdings sehnte sich Vipur nach mehr als nur nach Trost. „Ich wollte, dass meine Frau mit meinen Kindern zurückkam. Damals hatte ich noch kein Telefon, also schrieb ich ihr einen Brief. Da ich sehr wütend war, schrieb ich: ‚Bevor ich Christ wurde, habe ich ein schlechtes Leben geführt: Ich habe Alkohol getrunken und viele verbotene Dinge getan – und dennoch bist du bei mir geblieben. Und jetzt, wo ich mich verändert habe und nicht mehr der Herumtreiber bin, der ich einmal war, sondern ein anständiger Mensch, verlässt du mich und nimmst die Kinder mit? Kehre zu mir zurück, sonst werde ich dich für immer verlassen!'

Ja, ich war so wütend auf meine Frau! Aber dennoch flehte ich zu Gott, dass sie zurückkehren würde – und tatsächlich kam sie eines Tages mit den Kindern zurück zu mir. Als ich sie fragte, warum sie sich so entschieden habe, meinte sie nur: ‚Welcher Religion auch immer du angehörst, ich werde dir folgen.' Einige Zeit später begann sie sich von ganz alleine ernsthaft für das Christentum zu interessieren und nach einem halben Jahr wollte sie auch getauft werden, obwohl unsere Familien dagegen waren.“

Für Vipur und seine Familie begann nun eine schwere Zeit, in der seine Frau zum Beispiel ihre Eltern nicht mehr besuchen konnte. Doch Gott war treu. Vipur erzählt freudig: „Als vier meiner Brüder krank wurden, betete ich für sie. Sie wurden alle geheilt und sind nun auch Nachfolger Jesu.“

Nachdem Vipur so eindrücklich über seinen Weg zum Glauben berichtet hat, scheint er nun bereit, über den schlimmsten Tag seines Lebens zu sprechen. Trotzdem frage ich ihn sehr vorsichtig: „Wollen Sie uns jetzt von dem Angriff erzählen?“

Er nickt erneut und beginnt seine Geschichte: „Ich lebe seit ungefähr neun Jahren in dem Dorf, in dem ich auch als Pastor tätig bin. Zusätzlich betreue ich noch ein paar weitere Gemeinden in den umliegenden Orten. In meinem Dorf haben wir sogar ein Kirchengebäude, das von Menschen besucht wird, die entweder schon Christen sind oder aber Christus erst noch kennenlernen wollen. Das hat mit der Zeit zu wachsender Ablehnung bei den Hindus in der Gegend geführt. Sie regten sich über uns auf und verbreiteten böse Gerüchte. Ich wurde vor vier Jahren schon einmal zusammengeschlagen, aber das war nicht so schlimm wie dieser Angriff jetzt. Bereits damals wurde ich unaufhörlich von den Hindus bedroht. Sie behaupteten, ich würde die Menschen dazu zwingen sich zu bekehren.

Vor ungefähr vier Monaten lauerte mir jemand auf. Es war gegen 20 Uhr und ich kehrte gerade von einem Gottesdienst zurück. Ein Mann hatte sich im Gebüsch am Wegesrand versteckt. Er musste mich schon eine Weile beobachtet haben, aber ich bemerkte ihn erst, als er mich plötzlich ansprang. Allein und unbewaffnet wie ich war, konnte ich mich nicht verteidigen. Der Angreifer stach mit seinem Buschmesser auf mich ein. Einmal, zweimal, dreimal, viermal, fünfmal. Schließlich gelang es mir, zu entkommen und nach Hause zu laufen, wo meine entsetzte Frau mich mithilfe von Freunden in das örtliche Krankenhaus brachte."

Zu diesem Zeitpunkt hatte Vipur bereits so viel Blut verloren, dass alle befürchteten, er würde sterben. Im Dorfkrankenhaus waren die Behandlungsmöglichkeiten beschränkt, aber glücklicherweise hatte ein Christ und Open Doors-Kontaktpersonen von dem Vorfall erfahren und konnte sofort zur Stelle sein. Er brachte Vipur in ein größeres Krankenhaus und sorgte dafür, dass die Rechnungen bezahlt wurden. Dank seines Eingreifens überlebte Vipur den Angriff.

Er bekräftigt: „Wenn dieser Christ nicht da gewesen wäre, wenn ich nicht die Unterstützung ausländischer Brüder und Schwestern gehabt hätte, dann wäre ich gestorben! Meine Hauskirchen hätten ihren Pastor verloren, meine Frau ihren Ehemann und meine Kinder ihren Vater."

Sein Weg zur Genesung dauerte eine ganze Weile. Vipur berichtet mit fester Stimme: „Ich musste drei Monate lang das Bett hüten und war unfähig, irgendetwas zu tun. Mittlerweile kann ich mich wieder bewegen und gehen, aber ich bin noch ziemlich schwach und brauche immer jemanden, der mich begleitet. Ich habe Probleme beim Atmen, kann in meinem Gesicht nichts mehr spüren und bin auf einem Ohr taub. Außerdem sind meine Augen dehydriert und reagieren extrem empfindlich auf Licht, sodass ich eine dunkle Sonnenbrille tragen muss.

Geistlich gesehen ist das eine sehr schwere Prüfung für mich.

Ich lebe in einem Dorf, dessen Bewohner mich am liebsten tot sehen würden und sogar schon einen Menschen dazu angestachelt haben, mich umzubringen. Ich weiß sogar, um wen es sich handelt und habe ihn der Polizei gemeldet – daraufhin wurde er zwar verhaftet, aber kurz darauf wieder freigelassen; manchmal sehe ich ihn auf dem Marktplatz. Wahrscheinlich steht er unter dem Schutz einflussreicher Dorfbewohner.

Die Leute sagen, ich solle Rache an ihm nehmen, nachdem er mein Blut vergossen hat. Aber Gott ist unser Richter! Ich werde ihm vergeben müssen, auch wenn mir das sehr schwerfällt, vor allem, weil meine Frau ebenfalls Rachegefühle hegt. In mir fühle ich eine solche Wut, dass ich jedes Mal, wenn ich ihn sehe, explodieren könnte. Ich muss mich dann immer daran erinnern, was Jesus uns gelehrt hat: Ich muss ihm vergeben. Aber es ist nicht leicht, einem Menschen zu vergeben, der einen beinahe ermordet hat."

Nun stelle ich die Frage, die sich mir im Lauf unseres Gesprächs schon die ganze Zeit aufgedrängt hat: „Haben Sie je darüber nachgedacht, in ein anderes Dorf zu fliehen?"

Vipur schüttelt langsam den Kopf: „Trotz meiner Verletzungen habe ich nie daran gedacht, mein Pastorenamt aufzugeben oder an einen anderen Ort zu ziehen. Ich vertraue da ganz auf Gottes Führung, denn er macht mich stark, auch wenn sich mein Körper schwach fühlt. Solange Gott mich nicht an einen anderen Ort schickt, werde ich in meinem Dorf bleiben. Gott sagt mir, dass ich bleiben und stark sein soll. Abgesehen davon: Welchen Sinn hätte es überhaupt, zu fliehen? Ich werde überall verfolgt werden – wohin auch immer ich mich wende, um Gott zu dienen! Die Verfolgung ist für viele Christen in Indien Teil des Lebens. Gott will durch die Verfolgung unseren Glauben auf die Probe stellen."

Das ist eine kraftvolle Aussage, mit der Vipur unser Gespräch beendet, aber auch ihm ist bewusst, dass er nicht sehr überzeugend klingt: Er lässt den Kopf hängen und seine Körperhaltung steht in krassem Gegensatz zu seinen Worten.

„Darf ich für Sie beten?“, frage ich.

Er nickt.

„Aber zuerst möchte ich Ihnen etwas vorlesen“, erkläre ich, öffne meine Bibel in 2. Korinther, Kapitel 4 und lese vor: „Diesen kostbaren Schatz tragen wir in uns, obwohl wir nur zerbrechliche Gefäße sind. So wird jeder erkennen, dass die außerordentliche Kraft, die in uns wirkt, von Gott kommt und nicht von uns selbst. Die Schwierigkeiten bedrängen uns von allen Seiten, und doch werden wir nicht von ihnen überwältigt. Wir sind oft ratlos, aber wir verzweifeln nicht. Von Menschen werden wir verfolgt, aber bei Gott finden wir Zuflucht. Wir werden zu Boden geschlagen, aber wir kommen dabei nicht um.“

Nachdem der Übersetzer dieselbe Stelle auf Hindi vorgelesen hat, spreche ich weiter: „Als ich einmal eine wirklich schwere Zeit durchmachte, gab mir jemand diese Bibel und eine Postkarte, auf der ein zerbrochenes und mit Gold wieder zusammengefügtes Tongefäß zu sehen war. Unter dem Bild stand das japanische Wort ‚Kintsugi‘, was so viel bedeutet wie ‚Goldreparatur‘ – damit bezeichnet man die Technik, bei der zerbrochene Tongefäße mit Silber- oder Goldlack wieder zusammengefügt werden. Dahinter steht die Idee, dass ein Stück, das zerbrochen wurde, noch schöner wird. Wir sind wie solche Gefäße: Manchmal werden wir vom Leben zerbrochen, doch Gott repariert uns anschließend mit Gold und macht uns stärker und noch schöner.“

Ich wünschte, ich könnte seine Augen sehen, aber das ist

mir nicht möglich, also muss ich mit dem fortfahren, was Gott mir in den Mund legt: „Als Gideon mit 300 Männern den Feind angriff, wies er sie an, Tongefäße mit Fackeln zu bestücken. Erst als diese Gefäße zerschlagen wurden, wurde das Licht sichtbar."

Ich halte kurz inne. Dann schließe ich meine Augen und weiß einfach, dass ich in diesem Moment, als Zeichen männlicher Bestätigung meine Hand auf die Schulter meines indischen Bruders legen muss. Fast so, als würde ich ihm einen Teil meiner körperlichen Stärke anbieten, um ihn in geistlicher Hinsicht zu stärken. Ich bete, dass Gott Vipurs Zustand verbessert, dass er ihn wiederherstellt, aber auch, dass aus Vipurs Schwäche wieder neue Stärke erwächst.

Nach dem Amen dankt er mir für das Gebet und folgt uns dann in ein anderes Zimmer, in dem wir ihn kurz vor der Kamera interviewen. Als er sich setzt und erneut seine Geschichte erzählt, bemerke ich sofort, dass er sich verändert hat. Er sitzt nun aufrecht und nimmt seine Sonnenbrille ab, um zu zeigen, wo ihn das Buschmesser getroffen hat. Dabei spricht er voller Zuversicht darüber, wie uns Gott durch Verfolgung prüft.

Das Bild eines mit Gold reparierten Gefäßes. Ein kurzes Gebet. Eine Hand auf der Schulter. Mehr konnte ich ihm nicht bieten – aber es hat ihn verändert!

Kurz danach verabschieden wir uns. Als das Auto davonfährt, meint unser einheimischer christlicher Helfer: „Wenn wir gewusst hätten, dass er immer noch in einem so bedauernswerten Zustand ist, hätten wir ihn nicht gebeten, hierherzukommen."

„Aber es war gut", erwidere ich. „Sehr gut sogar."

Zum Weiterdenken

Doch nicht nur dafür sind wir dankbar. Wir danken Gott auch für die Leiden, die wir wegen unseres Glaubens auf uns nehmen müssen. Denn Leid macht geduldig, Geduld aber vertieft und festigt unseren Glauben, und das wiederum stärkt unsere Hoffnung. Diese Hoffnung aber geht nicht ins Leere. Denn uns ist der Heilige Geist geschenkt, und durch ihn hat Gott unsere Herzen mit seiner Liebe erfüllt. Römer 5,3-5

1. Was sind die wichtigsten Gedanken, die Sie aus Vipurs Geschichte für sich mitnehmen?
2. Stimmen Sie mit Vipurs Überzeugung überein, dass Verfolgung eine Prüfung ist? Und warum bzw. warum nicht?
3. Verfolgung ist *eine* Art, für Gott zu leiden. Welche weiteren Arten gibt es? Wie können wir Gott durch unser Leiden verherrlichen?
4. In Kapitel 5 des Römerbriefs steht, dass Leid geduldig macht, Geduld den Glauben vertieft und festigt und das wiederum unsere Hoffnung stärkt. Können Sie den Sinn dahinter erkennen?
5. Wenn in der Bibel von „Hoffnung" die Rede ist, geht es nicht darum, dass „irgendetwas geschehen oder nicht geschehen" wird. Die biblische Hoffnung besteht darin, „an eine Wahrheit zu glauben, die *noch nicht* Wirklichkeit ist". Können Sie diese Art von Hoffnung in Vipurs Leben erkennen? Und wie sieht es in Ihrem eigenen Leben aus?
6. In Kapitel 5 des Römerbriefs wird erklärt, warum wir aufgrund dieser „Hoffnung" nicht von den Schwierigkeiten überwältigt werden, die uns von allen Seiten bedrängen; warum wir ratlos sind, doch nicht verzweifeln; warum wir

verfolgt werden, aber in Gott Zuflucht finden; und warum wir zu Boden geschlagen werden, aber dabei nicht umkommen (2. Korinther 4,7-9). Wie kommt es, dass unsere Hoffnung auf Jesus Christus dazu führt, dass wir nicht überwältigt werden, verzweifeln oder umkommen?

7. Kennen Sie jemanden in Ihrem Umfeld, der wie Vipur Ermutigung benötigt? Könnten Sie diesem Menschen wieder Mut geben?

Kapitel 6

Ohne Vorbereitung bestehen wir keine Prüfungen

Mohan, ein schlanker junger Mann mit dünnem Schnurrbart, ein paar Bartstoppeln am Kinn und ernstem Blick, setzt sich an den Tisch und wartet geduldig darauf, dass ich ihm sage, worum es bei unserem Treffen geht. Ich erkläre ihm, dass ich stellvertretend für die vielen Christen hierhergekommen bin, die für ihn, für Indien und für andere Länder beten. Dass ich gekommen bin, um seine Geschichte zu hören.

Wie alle verfolgten Christen, mit denen ich bislang gesprochen habe, ist auch Mohan sehr dankbar dafür. Erschüttert erfahre ich, dass der gerade einmal 25-jährige junge Mann schon mehr Verfolgung erfahren hat, als manche Christen in ihrem ganzen Leben. Das Traurige: Seine Geschichte ist für einen Christen mit hinduistischen Wurzeln leider nicht ungewöhnlich. Doch gerade deshalb birgt sie für uns auch eine sehr lehrreiche Lektion in sich.

Auf meine Frage, wie er denn Christ geworden ist, antwortet Mohan: „Ich habe zum Glauben gefunden, als mein Vater vor zehn Jahren schwer erkrankte. Wir hatten alles versucht, um die Götter gnädig zu stimmen: Wir hatten Hühner, Ziegen und Schweine geopfert und zu den Göttern gebetet, und dennoch ging es uns erbärmlich. Eigentlich war es ja mein Vater, der krank war, doch offen gesagt dachten wir, dass wir alle sterben würden – einer nach dem anderen. Einer der Dorfbewohner war zuvor Christ geworden und erklärte uns nun, dass wir aufhören sollten, unsere Götzen und Vorfahren anzubeten. Stattdessen sollten wir Jesus um Hilfe bitten. Das taten wir und mein Vater wurde geheilt. Und noch mehr: Unserer ganzen Familie ging es wieder gut! Natürlich folgten wir danach Jesus nach. Wir hatten ehrlich gesagt nicht damit gerechnet, dass wir dabei auf solchen Widerstand stoßen würden!“

Doch die Verfolgung kam über sie, wie eine dunkle Wolke einen Berg überschattet. „Die Dorfbewohner sahen, wie glücklich und gesund wir waren, und fragten uns, was geschehen sei. Als wir ihnen erklärten, dass wir jetzt Jesus folgten, verfluchten sie unsere Bekehrung und baten uns, das Dorf zu verlassen.“

Ich schaue verwirrt zwischen Mohan und meiner Übersetzerin hin und her und frage schließlich erstaunt: „Sie *baten* dich?“

Mohan nickt.

„Es handelte sich also um eine höfliche Bitte?“, hake ich noch einmal nach.

Jetzt schüttelt Mohan den Kopf und beginnt seine Geschichte zu erzählen, ohne dabei eine Gefühlsregung erkennen zu lassen: „Wir leben etwas außerhalb des Dorfes mitten im Dschungel. Eines Tages umstellten ungefähr 15 Männer unser Haus. Sie waren mit Bambusstöcken bewaffnet, brüllten fürchterlich und drangen dann gewaltsam ins Haus ein. Sie banden meinen Eltern die Hände auf dem Rücken zusammen und stießen sie in den nahe gelegenen See.“

„Ertranken deine Eltern?“, frage ich entsetzt und bin erleichtert, als Mohan verneint: „Das Wasser reichte ihnen nur bis zur Schulter.“

Tief berührt frage ich, wie seine Eltern überlebt haben. Mohan berichtet weiter: „Der Vorfall ereignete sich gegen fünf Uhr nachmittags und meine Brüder gingen sofort verzweifelt im Dorf umher, um Geld aufzutreiben und unsere Eltern damit aus dem ‚Gefängnis' freizukaufen. Erst am nächsten Morgen fanden sie einen reichen Hindu, der sich bereit erklärte, ihnen 500 Rupien (etwas mehr als sechs Euro) zu leihen – das war der Preis für die Freiheit unserer Eltern, die wir dann gegen zehn Uhr morgens endlich aus dem Wasser holen durften."

„Wie war da bloß ihr Zustand?", möchte ich wissen, auch wenn ich mir die Antwort schon fast denken kann.

Und tatsächlich berichtet Mohan: „Es ging ihnen sehr schlecht. Zum Glück kamen Christen, die mit euch zusammenarbeiten und übernahmen die Kosten für die ärztliche Versorgung. Ohne eure Unterstützung wären sie gestorben."

Ob die Dorfbewohner Mohans Familie mit dem Angriff und dem brutalen Festhalten im See hatten einschüchtern wollen? Sicher waren sie davon ausgegangen, dass Mohans Familie nach diesen Ereignissen wieder zum Hinduismus zurückkehren würde – und natürlich beobachteten sie die Familie weiterhin, wie es sich in Mohans folgenden Worten herausstellt: „Wir blieben Christen. Aber als meine Eltern eine Heirat für mich mit einem gläubigen Mädchen arrangierten und die Hindus im Dorf davon erfuhren, wollten sie wissen, ob wir die Hochzeit nach hinduistischem oder christlichem Brauch vollziehen würden. Nachdem ich ihnen erklärt hatte, dass wir nach christlichem Brauch heiraten würden, verboten sie uns, unsere Hochzeit im Dorf zu feiern. Daraufhin beschlossen meine Verlobte und ich, in *ihrem* Dorf zu heiraten, doch das führte wiederum zu Aufregung unter den *dort* lebenden Hindus. Am Ende mussten wir doch einem hinduistischen Priester zuhören, der uns aus hinduistischen Schriften vorlas, hinduistische Texte rezitierte und sogar eine Ziege für uns opferte."

Seine Geschichte berührt mich sehr – mein Hochzeitstag war einer der schönsten Tage meines Lebens gewesen, und so hätte es auch bei Mohan und seiner Frau sein sollen. Leider war dies nicht der Fall gewesen. Mohan berichtet: „Wir waren schrecklich traurig, aber wir ließen den Hindus einfach ihren Willen und heirateten nach hinduistischem Brauch. Tief in unserem Inneren wussten wir, dass wir zu Jesus gehörten. Nach der Hochzeit wohnten wir bei meiner Schwiegerfamilie und lebten unseren Glauben im Geheimen."

Doch in einem indischen Dorf lässt sich nichts lange geheim halten. Mohan erzählt nun von den Ereignissen nach dem Tod seines Vaters im Januar 2017: „Als wir mit hinduistischen Verwandten über die Pläne zur Beerdigung meines Vaters sprachen, forderten sie uns auf, ihn in einem anderen Dorf zur Ruhe zu betten. Aber das kam für uns nicht infrage, weil wir ihm ein christliches Begräbnis schenken wollten. Schließlich gelang es uns, den Leichnam meines Vaters mithilfe von fünf weiteren Christen in den Dschungel zu tragen und ihn dort – illegal – zu beerdigen."

Am nächsten Tag wurde Mohan zu einem Treffen ins Dorf beordert. Alle Anwesenden waren angetrunken – und alle waren mit Stöcken bewaffnet. Das versetzte Mohan derart in Angst und Schrecken, dass er seinen Mut verlor: „Ich hatte so schreckliche Angst vor ihnen, und als sie mich immer wieder fragten, ob ich nun dem Hinduismus oder dem Christentum folgen würde, sagte ich, dass ich ein Hindu sei und dem Hinduismus folgen würde."

Nach diesem Vorfall ging Mohan auf direktem Weg zu einem Pastor, der in der Nähe wohnte und als Partner von

Open Doors auf solche Fälle vorbereitet worden ist. Mohan bat ihn um Hilfe: „Er erklärte mir die Aufgabe der Polizei und dass sie mir in solch einem Fall helfen müsste. Doch als ich, wie er mir geraten hatte, zur Polizeistation ging und den Vorfall meldete, reagierten die Beamten ganz anders als erwartet und sagten: ‚Das ist eine Angelegenheit, die das Dorf betrifft, also soll der Dorfrat das Problem lösen.' Aber wieso hätte ich zum Dorfrat gehen sollen, der doch gegen mich war? Was hätte mir das geholfen? Ich kehrte zum Pastor zurück, der meinte, wenn die Polizei nicht helfen wolle, dann müsse ich vor Gericht gehen."

Ich unterbreche das Interview für einen Moment und frage bei der Übersetzerin noch einmal nach: „Entschuldigung, hat er gerade gesagt, dass er nicht wusste, was die Polizei ist?"

Sie nickt und meint: „Das ist in Indien nichts Ungewöhnliches, die Menschen haben oftmals keine Ahnung von ihren Rechten."

Ich bin sprachlos und bitte Mohan, mit seiner Geschichte fortzufahren.

Mohan berichtet weiter: „Der Pastor führte daraufhin ein paar Telefongespräche, und als die Polizei davon erfuhr, beorderte sie mich und vier weitere Dorfbewohner zur Polizeistation. Allerdings fanden sich die Dorfbewohner nicht dort ein – stattdessen kamen sie einige Zeit später zu unserem Haus und riefen: ‚Wir werden die Polizisten genau wie euch verprügeln, wenn sie in unser Dorf kommen!' Während sie draußen brüllten, riefen wir erneut die Polizei an. Ein anderer Dienststellenleiter war am Apparat, der uns auch nur wieder sagte, dass die Dorfbewohner zur Polizeistation kommen sollten. Diesmal taten sie es. Ich machte mich ebenfalls auf den Weg – zwar nicht allein, sondern zusammen mit neun anderen

Christen, doch von den Dorfbewohnern kamen fünfzig und sie waren sehr aufgebracht."

Als die Polizisten von den Dorfbewohnern wissen wollten, was denn geschehen sei, erwiderten die Hindus aggressiv: „Sollten sie nicht ihren Ahnen folgen? Ist es überhaupt rechtens, dass sie bei uns im Dorf leben? Wo sind ihre Grundbesitzurkunden? Wenn sie in unserem Dorf leben, dann müssen sie auch unserer Religion folgen, ansonsten sollen sie verschwinden!"

Der Polizeibeamte ging auf ihre Forderung ein und fragte Mohan, ob er in Zukunft wieder der Dorfreligion folgen würde. Als dieser verneinte, fragte der Polizist nachdrücklich: „Werden Sie weiterhin Jesus nachfolgen?"

Mohan blieb standhaft. Mit fester Stimme antwortete er: „Ja, aber ich will keinen Streit damit auslösen. Ich möchte einfach nur Jesus nachfolgen und dabei in Frieden leben."

Daraufhin kam ein höherrangiger Polizeibeamter und wiederholte die gleichen Fragen. Als Mohan ihm die gleichen Antworten gab, rief er den Dorfbewohnern zu: „Es ist ihm erlaubt, Christ zu sein! Hört auf, ihn in irgendeiner Art zu verfolgen!"

Widerwillig verließ der Mob daraufhin die Polizeistation. Dann wandte sich der Polizeibeamte Mohan zu und fragte ihn, ob er nun zufrieden sei oder ob er die Angelegenheit vor Gericht bringen wolle.

„Ich antwortete, dass ich den Dorfbewohnern diesmal vergeben würde. Sollte es jedoch zu einem weiteren Vorfall kommen, würde ich vor Gericht ziehen. Dann kehrten wir zurück in unser Dorf und konnten endlich eine christliche Beerdigungszeremonie für meinen Vater abhalten."

Obwohl die Polizeistation zehn Kilometer entfernt liegt,

fühlt sich Mohan mittlerweile sicher. „Dank der Hilfe des Pastors wusste ich, dass ich mich an die Polizei wenden kann. Ich muss nun an keinen anderen Ort ziehen – und drei weitere Familien, die bereits vertrieben wurden, überlegen ernsthaft, wieder in unser Dorf zurückzukehren. Ich möchte mich bei allen meinen Brüdern und Schwestern bedanken, die mir Hilfe gebracht und für mich gebetet haben."

Und auf einmal beginnt Mohan selbst zu beten: „Danke, Herr. Halleluja! Danke, Herr! Danke, dass du mir mein Leben geschenkt hast. Höre mein Gebet, o Herr, tausendmal danke. Danke für meine Brüder und Schwestern, die für mich gebetet haben, und dank deren Gebete ich heute in Sicherheit leben kann. Schenke ihnen Kraft und Gesundheit. Segne sie durch den Heiligen Geist. Du hast mich sicher hierhergeführt. Danke, Herr. Halleluja. Ich werde dich immer preisen und niemals verlassen, selbst wenn ich dafür sterben müsste! Ich werde deinen Namen immer verherrlichen. Gott, du bist groß. Danke! Schenke uns Kraft und Mut. Amen."

Als Mohan geendet hat, bete auch ich für ihn.

Als ich später noch einmal über unser Gespräch nachdenke, fällt mir auf, dass ich dabei sechs Dinge gelernt habe:

1. Viele Hindus finden zum christlichen Glauben, weil sie Heilung erfahren haben. Sie wenden sich Jesus zu, weil sich die hinduistischen Gebete, Zauberei und andere dunkle Rituale nicht als hilfreich erweisen. Zwar sind sie zunächst skeptisch, wenn ihnen jemand von Jesu heilenden Kräften erzählt, versuchen es aber dennoch. Und wenn dann jemand geheilt wird, bekehrt sich meist nicht nur diese eine Person, sondern alle Familienmitglieder.
2. Die frisch bekehrten Gläubigen in Indien sind in keiner Weise darauf vorbereitet, dass sie verfolgt werden könn-

ten und wie sie in so einem Fall damit umgehen sollten. Wie Mohan rechnen viele Christen hinduistischer Herkunft nicht damit, dass sie in ihrem Umfeld auf Widerstand stoßen könnten – obwohl das eigentlich an der Tagesordnung ist. Als Mohan in Bedrängnis und Angst geriet, verriet er Jesus – nicht in seinem Herzen, aber mit seinen Worten – und der Grund dafür war die fehlende Vorbereitung.

3. Ehemalige Hindus versuchen, ihren christlichen Glauben im Geheimen zu leben, doch das ist nur für eine begrenzte Zeit möglich. In dem Moment, in dem bestimmte hinduistische Rituale oder Zeremonien vollzogen werden und sie nicht daran teilnehmen, bekommt ihr Umfeld es mit. Und das gilt dann als schwere Sünde gegenüber den hinduistischen Gottheiten.
4. Viele Christen sind ungebildet und wissen nicht einmal, dass sie die Polizei um Schutz bitten können. Sie haben keine Ahnung von ihren Rechten. In Mohans Fall riet ihm glücklicherweise der einheimische Pastor – ein von Open Doors geschulter und unterstützter lokaler Partner –, sich an die Polizei zu wenden. Als die Polizei zunächst Hilfe verweigerte, begleitete der Pastor Mohan, um Anzeige zu erstatten. Er führte Telefonate mit einflussreichen Personen, die den Polizeibeamten Druck machten und sie zum Handeln zwangen.
5. In ein anderes Dorf zu ziehen ist für Mohan und andere Gläubige im besten Fall eine Lösung auf Zeit. Die Verfolger warten überall auf sie.
6. Durch unsere Mitstreiter im Gebet und einige Spenden konnte ein kleines Treffen mit indischen Christen stattfinden, bei dem ihnen erklärt wurde, welche Rechte ein

Mensch hat. Dieses Treffen hatte großen Einfluss auf eine kleine Christengemeinde in einem Dorf in Indien, von dem kaum jemand bisher etwas gehört hat. Doch auch wenn Mohan und andere Christen nun in Sicherheit dort leben können, ist es weiterhin nötig, die Botschaft von Jesus zu verkünden. Dadurch fühlen sich die Christen vor Ort ermutigt und ihr Glaube wächst.

Ohne Mohan in irgendeiner Weise verurteilen zu wollen, war es für mich recht schmerzhaft zu hören, dass er Hindus erlaubt hat, an seiner Hochzeit hinduistische Zeremonien abzuhalten, und dass er später öffentlich seinen Glauben an Jesus verleugnet hat. Leider hatte ich nicht die Gelegenheit, mit ihm darüber zu sprechen, wie er diese Vorfälle aus geistlicher Sicht beurteilt. Mir kam es so vor, als sei es für ihn keine große Sache gewesen, was mich zu dem Schluss führt, dass er in seinem Glauben noch nicht sehr reif ist. (Im nächsten Kapitel werde ich Ihnen jemanden vorstellen, der enorm darunter gelitten hat, dass er Jesus verleugnet hat.)

Zum Weiterdenken

Aber wer bis zum Ende standhält, der wird gerettet.
Matthäus 24,13

1. Was ging Ihnen durch den Kopf, als Sie diese Geschichte gelesen haben?
2. Das Kapitel trägt die Überschrift „Ohne Vorbereitung bestehen wir keine Prüfungen". Sehen Sie das genauso?
3. Was ist Ihrer Meinung nach der Grund dafür, dass Mohan

so wenig vorbereitet war? Ist es Ihnen möglich, sich gegen (gewaltsame) Verfolgung zu wappnen? Und wenn ja, wie?

4. Vor seinem Tod bereitete Jesus seine Jünger darauf vor, dass es in der Zukunft eine Zeit schwerer Bedrängnis geben würde, und ermutigte sie – und uns ebenso –, bis zum Ende am Glauben festzuhalten, denn dann würden sie gerettet. Was bedeuten diese Bibelworte heute für uns?
5. Wie fühlen Sie sich, wenn Sie diesen Bibelvers lesen? Empfinden Sie Freude, Trauer, Angst oder Wut? Was sagt das über Sie aus?
6. Ist dieser Bibelvers eher eine Drohung oder ein Versprechen? Inwiefern macht das einen Unterschied?
7. Wie können Sie „standhalten"? Was bedeutet „standhalten" in Bezug auf Ihr Leben?

Kapitel 7

Gott kann auch die wieder aufrichten, die ihn verleugnet haben

Neeraj hat zusammen mit seiner jungen Frau Ritu eine siebzehnstündige Reise auf sich genommen, um uns hier, an einem sicheren Ort in Zentralindien, seine Geschichte zu erzählen. Siebzehn Stunden Busfahrt und Vorbereitung darauf, über die schrecklichsten Ereignisse seines Lebens zu sprechen: nämlich über jene 17 Stunden, in denen er gezwungen worden war, Jesus zu verleugnen.

Auf den ersten Blick wirken Neeraj und Ritu einfach wie ein nettes, schüchternes Pärchen Anfang 20. Wir heißen sie willkommen und bitten Neeraj, auf einem Stuhl in der Ecke des Raums Platz zu nehmen, weil wir seinen Bericht mit der Videokamera aufzeichnen wollen. Die Übersetzerin setzt sich ihm gegenüber und ich platziere mich neben ihr, während der Kameramann seine Position hinter uns einnimmt. Ritu sitzt ungefähr anderthalb Meter von uns entfernt – wir befinden uns alle so nah beieinander, dass eine sehr private Atmosphäre entsteht.

Eigentlich führe ich meine Interviews ungern vor laufender Kamera, denn meine Gesprächspartner werden dadurch noch viel unsicherer, als sie es oft schon sind – und ich weiß, dass das, was Neeraj uns zu erzählen hat, ohnehin schwierig sein wird. Doch er hat sich einverstanden erklärt, dass wir unser Gespräch auf Video aufnehmen, und so schneiden wir alles mit, selbst als er über den schrecklichsten Augenblick seines Lebens berichtet.

Neeraj, der vor ein paar Jahren vom Hinduismus zum christlichen Glauben konvertierte, beginnt seinen Bericht so: „Die Verfolgung begann ungefähr ein Jahr nach meiner Bekehrung. Damals suchten die religiösen Oberhäupter unseres Dorfes mich zu Hause auf und begannen mit Fäusten und Sandalen auf mich einzuschlagen und mich dazu zu drängen, meinen Glauben an Jesus aufzugeben. Ich verweigerte das. Doch auch mein Vater ging mich hart an und versuchte, mich von meinen christlichen Freunden zu trennen und unsere Treffen zu unterbinden. Einmal verletzte er mich sogar mit einem Stein und schlug meine Tür ein. Ein anderes Mal prügelte er derart auf mich ein, dass ich auf der Polizeistation Schutz suchte und Anzeige erstattete. Doch die Beamten schickten mich wieder weg und so blieb mir keine andere Wahl, als hilflos zurückzukehren."

Am 23. Dezember jenes Jahres lauerte ihm eine Gruppe radikaler Hindus auf. Neeraj erzählt, was an diesem Tag geschah: „Ich hatte mich mit Freunden zum Beten getroffen und um über die Weihnachtsfeierlichkeiten in unserer Kirche zu sprechen. Nachdem wir uns verabschiedet hatten, machten wir uns zu dritt mit unseren Motorrädern auf den Heimweg."

Doch Neeraj sollte sein Zuhause an diesem Tag nicht mehr erreichen: Eine Gruppe hinduistischer Extremisten, die wahrscheinlich auf ihn gewartet hatten, zerrten ihn und seine beiden Freunde von ihren Motorrädern und brüllten sie an: „Was habt ihr vor? Woher kommt ihr?"

Neeraj atmet tief durch und berichtet dann, wie er zusammengeschlagen wurde.

Um die Abläufe nachvollziehen zu können, frage ich ihn, wie lange die Männer auf sie einschlugen. „Von 20 Uhr bis Mitternacht", lautet die erschütternde Antwort.

Ein junger Angreifer warf ihnen vor: „Ihr zwingt Hindus dazu, zum Christentum zu konvertieren!"

Schließlich schleiften die Männer Neeraj und seine Freunde in die Dorfgemeinschaftshalle und schlossen sie dort über Nacht ein. Einige Angreifer blieben als Wachen zurück, drohten den Christen mit Messern und schrien: „Wir lassen euch erst nach Hause, wenn ihr eurem Glauben abgeschworen habt. Ihr müsst Rama anbeten!"

Mitten in der Nacht kam einer der lokalen Anführer zu den Christen und wiederholte: „Wenn ihr dem Christentum abschwört, könnt ihr nach Hause zurückkehren."

Neeraj weigerte sich: „Nein, Jesus ist mein Herr, ich werde ihn niemals verraten."

Am frühen Morgen brachten die Männer ihre Gefangenen zur Polizeistation, wo die Christen von den Beamten befragt wurden. „Stimmt es, dass ihr Hindus dazu zwingt, zu eurem Glauben überzutreten?", wollten die Polizisten wissen. Obwohl sie bei der Befragung nicht zimperlich vorgingen, erklärte Neeraj: „Nein, das habe ich niemals getan."

Vor der Polizeidienststelle versammelten sich rund 200 Dorfbewohner. Sie verlangten lautstark den Tod der drei jungen Männer. Angesichts der aggressiven Stimmung waren die Polizisten eifrig darum bemüht zu zeigen, auf wessen Seite sie standen: Sie verstärkten den Druck und drohten: „Gesteht endlich. Oder müssen wir euch erst nackt ausziehen und Elektroschocks verabreichen?"

Neeraj erklärte seinen Freunden, dass er Jesus niemals verraten würde, aber schließlich brachen sie alle zusammen: Erst einer, dann der nächste und schließlich auch Neeraj. Seine Stimme zittert, als er zugibt: „Ich hatte so schreckliche Angst, dass ich beschloss, mich ihrem Willen zu beugen."

Mittlerweile war es 11 Uhr am 24. Dezember. Nur 13 Stunden bevor Christen in aller Welt den Geburtstag von Jesus Christus feiern wollten, befand sich Neeraj im Hinterzimmer eines Dorfhauses vor den hinduistischen Götzenbildern, die er so verabscheute. Hinter ihm standen einige Männer, die ihn zwangen, Rama zu lobpreisen und hinduistische Schriften zu zitieren. Sie beschmierten ihn mit Wasser, in das Kuhdung und -urin gemischt worden war, und fotografierten Neeraj und die anderen zwei Christen, um deren Rückkehr zum hinduistischen Glauben zu dokumentieren. Dann erst wurde Neeraj freigelassen und konnte zu seiner Frau Ritu zurückkehren.

Es hat einen Vorteil, wenn man jemanden interviewt, dessen Sprache man nicht spricht: Während man auf die Übersetzung wartet, kann man sich auf die Körperhaltung und die Stimme des Gesprächspartners konzentrieren. Neeraj wiegt sich beim Sprechen vor und zurück, seine Augen wandern von links hin zu der Übersetzerin, dann zu mir, später zur Decke und schließlich zum Fenster. Seine Stimme wird immer höher und ich kann hören, dass er einen Kloß im Hals hat.

Auf einmal frage ich mich, ob ich später Ritu darum bitten soll, mir zu erzählen, wie sie die Nacht empfunden hat, in der ihr Ehemann nicht nach Hause kam. Als ich mich ihr zuwende, sehe ich, dass sie die Ellenbogen auf die Knie gestützt hat und Mund und Nase mit einer Hand verdeckt. Sie hat den Kopf von uns abgewandt.

In diesem Moment wird mir klar, dass Ritu und Neeraj noch niemals so offen über diese schicksalshaften 17 Stunden gesprochen haben. Sie ist geschockt und sicher noch nicht dazu bereit, ihren Teil der Geschichte zu erzählen.

Neeraj scheint den Zustand seiner Frau nicht zu bemerken – er erzählt weiter davon, dass dieser Heiligabend in keiner Hinsicht eine Stille Nacht für sie beide gewesen sei. Neerajs Herz war zerbrochen und der Gedanke an Jesu Worte in Matthäus 10,33 tobte wie eine wütende Hornisse in seinem Kopf herum:

Wer aber vor den Menschen nicht zu mir steht, zu dem werde ich auch vor meinem Vater im Himmel nicht stehen.

Neeraj fragte sich, ob Jesus ihn tatsächlich vor seinem Vater verleugnen würde. Wie hatte es geschehen können, dass er Jesus vor den Menschen verleugnete, nachdem er ihm doch gelobt hatte, ihm unter allen Umständen zu folgen? So wie Petrus weinte auch Neeraj bitterlich. Und während ihm die Tränen der Reue aus den Augen strömten, legte Gott andere Worte in sein Herz:

Der Gerechte fällt siebenmal und steht wieder auf, aber die Gottlosen stürzen nieder im Unglück. Sprüche 24,16

Neeraj bat um Vergebung und versprach Jesus, dass er ihn nie wieder verleugnen würde. Auf einmal kam ihm ein weiterer Vers aus dem Matthäusevangelium in den Sinn:

Wenn man euch in der einen Stadt verfolgt, dann flieht in eine andere. Matthäus 10,23

Neeraj nahm diesen Vers ganz wörtlich und verließ noch am selben Abend zusammen mit Ritu sein Dorf.

Sie gingen zu Neerajs Onkel, der ebenfalls Christ ist,

blieben dort jedoch nur zwei Tage lang und kehrten dann wieder in ihr eigenes Haus zurück. Kurz nach ihrer Rückkehr sprach ihn eine junge Frau an, die Neeraj nie zuvor gesehen hatte, und warnte: „Wenn ihr immer noch an Jesus glaubt, müsst ihr sofort fliehen, sonst werden sie euch umbringen."

Neeraj zögerte keinen Moment, ging ins Haus zurück, nahm seine Frau bei der Hand und floh mit ihr, so schnell er konnte, in den Wald, der nur 500 Meter vom Haus entfernt lag. In den Büschen verborgen konnten sie sehen, wie die vor Wut brüllenden Dorfbewohner heranmahten: „Wo ist er? Ist er wieder zum Christentum zurückgekehrt? Dieses Mal bringen wir ihn um! Wir werden ihn in seinem eigenen Haus begraben!"

Wären sie nur fünf Minuten später aufgebrochen, wären beide getötet worden.

Neeraj und Ritu hatten nur die Kleider, die sie am Leib trugen – kein Wasser, keine Nahrung, kein Geld. Und so machten sie sich zu Fuß auf den Weg zu Neerajs Onkel, der 15 Kilometer entfernt wohnt. Dort leben sie auch noch zum Zeitpunkt dieses Gesprächs. Neeraj fährt nun mit seiner Geschichte fort: „Ich fragte meinen Onkel, ob wir bei ihm bleiben könnten, weil ich Jesus nicht erneut verleugnen wollte und deshalb nicht mehr in mein Dorf zurückkehren konnte. In meinem Dorf gab es zehn christliche Familien, von denen sechs wieder zum Hinduismus zurückgekehrt sind. Manchmal spreche ich mit ihnen, und sie warnen mich davor, als Christ in das Dorf zurückzukehren, denn dann würde ich mit Sicherheit ermordet werden. Ich versuche sie dann immer davon zu überzeugen, das Dorf zu verlassen und Jesus nachzufolgen, doch sie weigern sich. Sie sagen, dass sie nicht mehr zum Christentum zurückkehren können, wenn Gott sie nicht vor diesen Hindus beschützt."

Open Doors konnte Neeraj, Ritu und sogar einige der Familien, die Jesus immer noch verleugnen, mit Lebensmitteln und anderen wichtigen Produkten versorgen, und Neeraj meint dazu: „Euer Versprechen uns zu helfen, wenn wir Hilfe brauchen, hat uns wirklich Mut gegeben. Dank Open Doors und euren Mitarbeitern erhalten wir sogar Rechtsbeistand. Ich bete immer noch, dass wir eines Tages in unser Dorf zurückkehren können und dass die Polizei uns beschützt. Bitte betet für mich und Ritu, aber auch für die anderen Familien, vor allem für die, die sich wieder von Jesus abgewandt haben. Wenn Gott uns hilft, wird eines Tages das gesamte Dorf den Weg zu Jesus finden."

Während des gesamten Gesprächs wirkt Neeraj sehr nervös – zwar berichtet er uns offen vor laufender Kamera über seine Erlebnisse und er fühlt sich auch wohl bei uns, doch seine Stimme und seine sichtlich angespannte Körperhaltung zeigen, dass er noch immer schwer unter dem Gewicht der Scham und der Schuld zu leiden hat.

Ich frage Neeraj, ob wir für ihn und seine Frau beten dürfen. Als er nickt, erheben wir uns alle – auch Ritu. Während die anderen sich im Kreis aufstellen, hole ich die Bibel aus meinem Rucksack und schlage sie bei Micha 7,7-8 auf. „Kennst du Micha 7?", frage ich Neeraj.

Er schüttelt den Kopf und bittet die Übersetzerin, den Vers in der auf Hindi übersetzten Bibel nachzuschlagen.

Als sie die Seite aufgeschlagen hat, erkläre ich Neeraj: „Ich lese diese Stelle oft, wenn ich einen Fehler gemacht habe. Und auch wenn ich nicht das durchgemacht habe, was du erleben musstest, denke ich, dass diese Stelle dir in deiner Situation ebenfalls Kraft geben wird. Du musst wissen, dass Jesus uns immer eine zweite Chance gibt. Wir haben erfahren, wie sehr du gedemütigt wurdest, und keiner hier im Raum würde es wagen, dir etwas vorzuwerfen. Ich bitte dich nun, dir diese Bibelverse anzuhören, die ich oft lese, wenn ich gesündigt habe."

Dann beginne ich vorzulesen: „Doch ich verlasse mich auf den Herrn, ich warte auf seine Hilfe. Ja, mein Gott wird mich erhören! Freut euch nur nicht zu früh, ihr Feinde! Wir liegen zwar am Boden, doch wir stehen wieder auf. Wir sitzen im Finstern, aber der Herr ist unser Licht."

Hier halte ich inne und blicke Neeraj an, der die Übersetzerin bittet, ihm den Bibelvers auf Hindi aufzuschreiben. Dann sage ich ihm: „Der Feind will, dass wir verzweifeln – doch das müssen wir nicht –, selbst dann, wenn wir gesündigt haben. Gott ist ein Gott des Heils und der Vergebung. Er ist ein Licht in der Dunkelheit. Wir mögen fallen, aber wir werden wieder aufstehen."

Diese Worte hatte Neeraj gebraucht. Ich sehe, dass sie ihn tief berührt haben. Nun beten wir gemeinsam. Ich trete für uns alle im Gebet ein, bekenne, dass wir alle Sünder sind und dass Jesus treu ist. Ich bete um Vergebung, Kraft, Trost und Barmherzigkeit und darum, dass Gott den sechs Familien, die sich von ihm abgewandt haben, eine Umkehr ermöglicht.

Als Neeraj und Ritu später wieder nach Hause zurückkehren, wissen sie nicht, was die Zukunft bringen wird. Aber ich hoffe, dass ihnen eins klar geworden ist:

Gott verurteilt nie den, der mit Jesus Christus verbunden ist.
Römer 8,1

Und ich bete, dass Gottes Wort die wütenden Hornissen vertreibt.

Zum Weiterdenken

Ein drittes Mal fragte Jesus: „Simon, Sohn von Johannes, hast du mich wirklich lieb?" Jetzt wurde Petrus traurig, weil Jesus ihm nun zum dritten Mal diese Frage stellte. Deshalb antwortete er: „Herr, du weißt alles. Du weißt doch auch, wie sehr ich dich lieb habe!" Darauf sagte Jesus: „Dann sorge für meine Schafe!"
Johannes 21,17b-18

1. Neerajs Geschichte zerstört das oft schon fast „romantisch" anmutende Bild von verfolgten Christen, die niemals dem Druck ihrer Verfolger nachgeben. Was bedeutet diese Geschichte für Sie?
2. Wie fühlen Sie sich, wenn Sie Bibelverse lesen, in denen Jesus uns davor warnt, ihn zu verraten?
3. Ist Gott inkonsequent, wenn er Menschen wie Neeraj oder dem Apostel Petrus vergibt und sie wieder aufnimmt?
4. Warum hat Gott zugelassen, dass Neeraj und Petrus gebrochen wurden? Diese Frage ist nicht leicht zu beantworten. Denken Sie einmal über die Veränderung nach, die beide durchliefen, nachdem sie Jesus verleugnet hatten. Über Neeraj weiß ich nicht viel, aber Petrus war zuvor oft starrsinnig und forsch – und für gewöhnlich ging er davon aus, dass er Probleme im Alleingang regeln konnte (zum Beispiel, als er einem Mann das Ohr abschlug, als dieser Jesus festnehmen wollte). Wie hat er sich nach seinem Gespräch mit Jesus am See verändert?

5. In der Bibel finden wir keine Informationen darüber, wie Petrus gestorben ist, aber andere Quellen berichten, dass er als Märtyrer in Rom starb und wahrscheinlich kopfüber gekreuzigt wurde. Es heißt, dass seine Frau direkt vor seiner Hinrichtung geköpft worden sei und dass er ihr, als sie an ihm vorbeigeführt wurde, zugerufen habe: „Gedenke des Herrn!" Er hat Jesus kein zweites Mal verraten. Warum?
6. Lesen Sie Johannes 21,15-19. Warum hat Jesus Petrus drei Mal die gleiche Frage gestellt? Wie fühlte sich Petrus dabei?
7. Wie nutzt Gott Tragödien und Probleme in unserem Leben, damit wir ihm ähnlicher werden?

Kapitel 8

Nicht die Zeit heilt alle Wunden – sondern Heilung braucht Zeit

Reena wuchs mit Verfolgung auf – und wäre beinahe darin umgekommen. Sie stammt zwar aus einer hinduistischen Familie, doch ihre Eltern wandten sich schon dem christlichen Glauben zu, als Reena noch ein Kind war. Verfolgung gehörte seitdem zu ihrem Alltag als Christin. Doch nie hätte sie gedacht, einmal unter Drogen gesetzt und gekidnappt zu werden.

Reena ist eine 19-jährige, kleine, schon fast herzzerreißend schüchterne junge Frau. Auf einfache, höfliche Fragen antwortet sie mit nicht mehr als ein paar Worten:

Ja, sie erzählt uns gerne ihre Geschichte. Nein, sie ist nicht nervös …

Aber ihre Körpersprache sagt etwas anderes: Ihre Hände liegen verkrampft in ihrem Schoß. Es ist schwer, ihr die Scheu zu nehmen.

Zunächst verläuft unser Gespräch so:

Wie war es, in einer christlichen Familie in einem hinduistischen Dorf aufzuwachsen?

„Manchmal schwierig. Ich habe mich von den Hindus ferngehalten."

Wie haben deine Schulkameraden auf dich reagiert?

„Ganz normal."

Wurdest du nicht diskriminiert?

„Na ja, sie haben mich schon komisch angeschaut, als ich nicht an den hinduistischen Ritualen teilnahm."

Haben deine Mitschüler irgendetwas dazu gesagt?

„Sie haben an den hinduistischen Festen teilgenommen und ich nicht. Dafür haben sie mich verhöhnt."

Wir müssen eine ganze Reihe von Fragen stellen, bis sie endlich etwas auftaut, aber sie braucht diese Zeit, um sich uns gegenüber wohler zu fühlen. Schließlich gelingt es ihr, uns ein Bild ihres Lebens zu malen – es ist ein dreigeteiltes Bild.

Links sehen wir, wie sie aufwuchs: Ein freundliches, einsames Kind. „Niemand wollte mit mir spielen, weil alle anderen Hindus waren und ich nicht. Nach der Schule ging ich immer direkt nach Hause und spielte für mich allein."

Rechts sehen wir, wie es ihren Eltern verboten wurde, Wasser von der Wasserstelle des Dorfes zu holen. „Meine Eltern mussten ein paar Kilometer zum Fluss laufen, wenn wir Wasser brauchten."

Ich möchte gerne wissen, ob sie je wütend auf die Dorfbewohner gewesen sei – oder auf ihre Eltern, weil die zum Christentum konvertiert waren, doch sie schüttelt den Kopf: „Ich war nie wütend. Meine Eltern hatten mir erklärt, dass verfolgt zu werden Teil des Christentums ist. Ich war auch nicht neidisch auf die Hindus, denn Jesus hat mein Herz erfreut."

Im Zentrum des „Gemäldes" stehen Reenas Teenagerjahre. In dieser Zeit besuchte sie die Schule in einem anderen Ort und lebte dort in einem Internat. Zunächst erlebte sie keine Verfolgung, aber dann konnte ihre Familie den Schulbesuch nicht mehr bezahlen. Reena erzählt, was daraufhin geschah: „Ich musste mir Arbeit suchen und bewarb mich bei einer Schule auf eine Lehramtsstelle, die ich tatsächlich auch bekam. Mir wurde ein Monatsgehalt von 1.500 Rupien versprochen, doch in den ersten beiden Monaten bekam ich nur

500 Rupien und danach gar kein Geld mehr, sodass ich diese Stelle bereits nach sechs Monaten wieder aufgab."

Das war im September 2016. Wenige Tage später erhielt sie ein Stellenangebot von einer anderen Schule – sie wurde vom Schulleiter zu einem Treffen der Lehrer eingeladen, was ihr in keiner Weise verdächtig vorkam. Sie erzählt: „Der Direktor bot mir indische Süßigkeiten an, ich aß davon – und ab da kann ich mich an nichts mehr erinnern."

Reena war unter Drogen gesetzt und entführt worden. Als ich sie frage, was geschehen sei, berichtet sie, man habe sie mehrere Tage lang bewusstlos gehalten. Das entspricht sicher der Wahrheit, wenn vielleicht auch nicht der ganzen, denn wahrscheinlicher ist, dass die Erfahrungen während ihrer Gefangenschaft so schrecklich waren, dass sie nicht darüber sprechen möchte. Wir haken nicht nach, weil wir sie natürlich nicht quälen wollen. Wir wissen nur, dass sie mehrere Stunden, nachdem sie verschwunden war, plötzlich ihre Eltern anrief und ihnen sagte, sie würde an einem grauenvollen Ort festgehalten.

Die Eltern informierten die Polizei, die allerdings drei Tage lang untätig blieb. Erst dann wurden höherrangige Polizeibeamte eingeschaltet und die Festnahme des Direktors und der Lehrerschaft veranlasst. Alle Festgenommenen wurden jedoch kurz darauf wieder freigelassen und sind bis heute nicht verurteilt worden.

Und Reena? Sie kam in einem Zug wieder zu sich, in dem sich niemand anderes befand als ein paar weitere Mädchen im Teenageralter. Sie berichtet: „Die Mädchen sagten, dass sie mir helfen würden und dass ich ihnen folgen solle. Doch das tat ich nicht. Im Gegenteil – obwohl ich kaum laufen konnte, stand ich auf und verließ den Zug. Die Mädchen ließen aber nicht von mir ab und folgten mir. Da forderte ich sie auf, mich in Ruhe zu lassen, und drohte, ansonsten die Polizei zu verständigen. Daraufhin verschwanden sie zwar, aber ich denke immer noch, dass sie etwas mit meiner Entführung zu tun hatten."

Reena hatte keine Ahnung, wo sie war, bis sie den Namen des Bahnhofs entdeckte – da wurde ihr klar, dass sie sich in einer großen Stadt befand, die 14 Stunden von ihrem Dorf entfernt lag. Es gab in der Nähe eine Polizeistation, doch Reena war zu schwach, um diese kurze Strecke zu laufen. Zum Glück hatte sie noch ein Paar Münzen in ihrer Tasche, sodass sie von einer Telefonzelle aus eine Bekannte in der Stadt anrufen konnte.

Reena erzählt weiter: „Sie war eine Freundin und holte mich kurze Zeit später zusammen mit ihren Eltern ab. Ich war völlig durcheinander und kann mich kaum an etwas erinnern. Anscheinend habe ich gesagt, dass sie meine Eltern nicht anrufen sollen. Zunächst taten sie das auch nicht, aber als ich nach ein paar Tagen wieder mit dem Zug nach Hause fuhr, verständigte meine Freundin doch meine Familie und sagte, mit welchem Zug ich ankäme."

Reenas Eltern brachten sie nach ihrer Ankunft sofort ins Krankenhaus, wo sie nach und nach aus ihrem Schockzustand herausfand. Als ihr dann aber in vollem Maße bewusst wurde, was geschehen war, wurde sie von noch größerer Angst erfasst: „Ich fragte mich, warum das passiert war und warum ausgerechnet mir."

Sie war völlig verstört und wollte nicht mehr leben. Reena, diese schüchterne, aber mittlerweile von innen heraus strahlende Frau, hatte sich tatsächlich Gedanken darüber gemacht, ihrem Leben ein Ende zu setzen. Sie erinnert sich an diese Zeit: „Ich betete: ‚Gott, ich weiß, dass du da bist. Und doch musste ich das erleben. Warum? Ich fühle mich, als sei ich zerbrochen.'"

Reena war die erste verfolgte Christin, die ich interviewte, nachdem ich selbst mit posttraumatischem Stress zu kämpfen gehabt hatte. Ich hatte so viele schreckliche Geschichten gehört, dass ich von einem Tag auf den anderen einen körperlichen und mentalen Zusammenbruch erlebte – oder zumindest fühlte es sich so an. Glücklicherweise konnte mir Open Doors eine professionelle Beraterin vermitteln, sodass ich meine Depressionen innerhalb weniger Monate überwinden konnte. In dieser schweren Zeit lehrte Gott mich viele Dinge, doch das würde den Rahmen dieses Buches sprengen.

Der Grund, warum ich an dieser Stelle von meinem Zusammenbruch berichte, ist der, dass ich mir damals die gleiche Frage gestellt habe wie Reena. Eine Frage, die sich jeder traumatisierte Mensch in Phase 2 des 5-Phasen-Trauerprozesses nach Kübler-Ross stellt: Warum?

Wenn jemand verletzt wird oder einen Verlust erfährt, steht er zunächst unter Schock. In dieser Phase kann er nicht nachdenken, sondern nur versuchen, irgendwie zu überleben.

Im nächsten Schritt empfindet er dann oft Wut. Er will Antworten. Er will jemanden zur Verantwortung ziehen. Das ist die „Warum"-Phase: Warum ist das passiert? Warum hat jemand das getan? Warum hat Gott das zugelassen? Warum ich?

Die dritte Phase in diesem Prozess bezeichne ich als „das Brunnenloch". Das ist nicht die offizielle Bezeichnung, aber es beschreibt sehr gut, wie ich es empfunden habe: Ich fühlte mich wie Josef in der Bibel, der von allen verlassen, völlig isoliert, niedergeschlagen und im Ungewissen darüber war, ob ihn jemals jemand aus dem Brunnen retten würde. Das war die schwierigste Phase für mich, aber meine Beraterin erklärte mir, dass dies eine wichtige Phase sei. Sie konnte mir zwar nicht sagen, wie lange sie dauern würde, aber sie war notwendig, bevor man in Phase 4 kommt.

In dieser vorletzten Phase würde ich dann zu neuer Stärke finden, Möglichkeiten entdecken, um mit der Situation umzugehen, neue Beziehungen aufbauen und sogar Freude erleben.

Sich von einem Trauma zu erholen ist keine geradlinige Entwicklung, die Phasen können manchmal länger, manchmal kürzer andauern und gleichen eher dem Pendel einer Uhr, das hin- und herschwingt, bis es schließlich in Phase 4 stehen bleibt.

Eine weitere wichtige Lektion, die ich von meiner Beraterin gelernt habe, war die Erkenntnis, dass nicht die Zeit alle Wunden heilt, sondern dass Heilung Zeit braucht.

Alle diese Gedanken rasten mir durch den Kopf, während ich mit Reena sprach. Sie tat mir so leid. Open Doors bietet zwar Unterstützung für Opfer von Verfolgung an, die traumatisiert wurden, aber wir können nicht allen helfen. In Reenas Fall war es uns nicht möglich, ihr professionelle Beratung zukommen zu lassen.

Wie sollte sie jemals ihr Trauma überwinden, wenn doch die Zeit allein sie nicht würde heilen können? Ich frage Reena, wie es ihr jetzt – nur fünf Monate nach der Entführung – geht. Ich möchte wissen, ob sie Freude empfinden kann. Ich hoffe damit herauszufinden, ob sie vielleicht wie durch ein Wunder schon Phase 4 erreicht hat: neue Stärke, neue Möglichkeiten mit der Situation umzugehen, neue Freude.

Auf meine Frage hin erzählt sie von einem christlichen Gottesdienst, den sie besucht hat. Als der Pastor von der Kanzel herab sein Gebet sprach, brach Gottes Licht durch die

Dunkelheit. Sie empfand, wie plötzlich der körperliche Schmerz und die Depressionen schwächer wurden. Sie konnte ihre Verbindung zu Gott wiederherstellen. „Ich konnte Gott wirklich spüren. Als ich nach Hause kam, war ich außer mir vor Freude und erzählte meinen ‚Freunden' davon.

‚Welchen Freunden?', fragen Sie sich jetzt vielleicht. Meinen hinduistischen Freunden natürlich! Ich wollte, dass sie das nächste Mal mit in den Gottesdienst kamen und auch in ihrem Leben Gottes heilende Kräfte erfuhren."

Reena erzählt, dass sie in letzter Zeit oft in ihrer Bibel gelesen und in den Psalmen viel Ermutigung gefunden hat. Besonders in Psalm 25, Verse 4 und 5: „Herr, zeige mir, welchen Weg ich einschlagen soll, und lass mich erkennen, was du von mir willst! Lehre mich Schritt für Schritt, nach deiner Wahrheit zu leben. Du bist der Gott, bei dem ich Rettung finde, zu jeder Zeit setze ich meine Hoffnung auf dich."

Und auch in Offenbarung 3,20: „Merkst du es denn nicht? Noch stehe ich vor deiner Tür und klopfe an. Wer jetzt auf meine Stimme hört und mir die Tür öffnet, zu dem werde ich hineingehen und Gemeinschaft mit ihm haben."

Reena erzählt begeistert: „Mir wurde bewusst, dass ich nur die Türe zu meinem Herzen öffnen muss, damit Jesus hineingeht und Gemeinschaft mit mir hat – also öffnete ich sie. Ich erkannte, dass der Teufel mein Leben hatte zerstören wollen, aber dass Gott mich liebte."

Ich bekomme Gänsehaut, denn auf einmal wird mir klar, dass Gott begonnen hatte, sie während des besagten Gottesdienstes auf wundersame Art und Weise durch den Heilungsprozess zu führen, den auch ich durchlaufen hatte (auch wenn mein Trauma ganz anderer Art gewesen war) – allerdings ganz ohne Berater.

Ich schreibe hier ganz bewusst, dass er damit „begonnen“ hatte und nicht, dass er „sie vollständig geheilt“ hatte. Denn das hier war nur der erste von vielen Schritten, bei denen Gott sie an die Hand genommen und mit ihr vorwärts gegangen war. Noch ist sie jedoch nicht vollständig wiederhergestellt. Ich kann in ihren Augen erkennen, dass sie noch einen langen Weg vor sich hat, auch wenn sie sich selbst dessen vielleicht nicht bewusst ist.

Ich möchte nun wissen, welche Perspektiven sie für sich sieht, und frage: „Wie stellst du dir deine Zukunft vor?“

Reena lächelt. „Ich sehe helle Zeiten auf mich zukommen, in denen ich Menschen, die nicht an Jesus glauben, das Evangelium nahebringe. Ich rechne nicht damit, dass mir weitere schwere Zeiten bevorstehen.“

Die Wirklichkeit sieht allerdings ein wenig anders aus: Sie und ihr Bruder (der sie zu diesem Gespräch begleitet hat) leben außerhalb des Dorfes. Reena geht zwar unter der Woche zur Schule, doch wenn sie ihre Eltern im Dorf besucht, verlässt sie das Haus nicht. Ihr Bruder erklärt: „Der Direktor hat gesagt, dass er wegen ihr in Schwierigkeiten ist. Er will Rache und es kann sein, dass er ihr erneut Leid zufügt.“

Dank unseres Partnernetzwerks konnte Open Doors Reena medizinische Hilfe und Ermutigung zukommen lassen. Sie war enorm dankbar und meinte: „Ich will all denen danken, die mich mit ihren Gebeten, Spenden und ihrer Unterstützung während dieser schwierigen Zeit und bei allem, was ich durchmachen musste, geholfen haben. Dass es mir heute wieder gut geht, verdanke ich euch.“

Nach unserem Gespräch bete ich mit ihr und bitte Gott darum, dass er sie heilt und ihr ermöglicht, anderen das Evangelium nahezubringen.

Vor Kurzem habe ich erfahren, dass Reena nach unserem Gespräch in eine christliche Unterkunft gebracht worden ist, wo sie sich nun in Sicherheit befindet. Sie erhält eine fundierte biblische Ausbildung und lebt in einer wundervollen Gemeinschaft mit anderen christlichen Schülern. Sie hilft oft in einer Schule aus, in der sie Kinder christliche Werte lehrt, und von Christen vor Ort wissen wir, dass sie sich allmählich von ihrem Trauma erholt und ihr Glaube wächst.

Nicht die Zeit heilt alle Wunden, sondern Heilung braucht Zeit. Ich freue mich schon zu erfahren, wie es Reena in ein paar Jahren gehen wird.

Zum Weiterdenken

Elia streckte sich unter dem Ginsterstrauch aus und schlief ein. Plötzlich wurde er von einer Berührung geweckt. Ein Engel stand bei ihm und forderte ihn auf: „Elia, steh auf und iss!" Als Elia sich umblickte, entdeckte er neben seinem Kopf ein Fladenbrot, das auf heißen Steinen gebacken war, und einen Krug Wasser. Er aß und trank und legte sich wieder schlafen. 1.Könige 19,5-6

1. Was bedeutet: „Nicht die Zeit heilt alle Wunden, sondern Heilung braucht Zeit"?
2. Was für schwere Enttäuschungen oder Verluste haben Sie in Ihrem Leben schon erfahren?
3. Sind dabei entstandene Verletzungen bereits verheilt? Sind Sie dazu bereit, Jesus um Heilung Ihrer Wunden zu bitten?
4. Lesen Sie Kapitel 19 im ersten Buch der Könige. Was fällt Ihnen auf?

5. Elias Gott hatte gerade die Propheten Baals besiegt. Warum war Elia so enttäuscht und verängstigt, als Isebel drohte, ihn umzubringen?
6. Zunächst flieht Elia (Phase 1 des Trauerprozesses), dann wird er wütend. Er macht Gott für sein Elend verantwortlich. Wie reagiert Gott? Warum macht Gott ihm keine Vorwürfe oder hält ihm eine Predigt?
7. Kennen Sie jemanden, der vom Leben verletzt wurde, und „Brot und Wasser" braucht?

Kapitel 9

Verbringe Zeit mit Gott und kehre mit froher Botschaft wieder zurück

Die 22-jährige Bahia* besucht eine Bibelschule in Indien. Die junge, mutige Frau ist entschlossen, Jesus unter allen Umständen nachzufolgen. In einem Land, in dem der Widerstand gegen Christen wächst, ist sie die Zukunft des Christentums – und einer der Menschen, die durch Ihre Gebete und Spenden gestärkt werden. In diesem Kapitel lässt Bahia Ihnen eine persönliche Nachricht zukommen.

Die junge Frau ist jemand, den man sich als Cousine oder Nichte wünschen würde. Sie ist klein, hat glatte, dunkle Haut, braune Augen, die direkt in einen hineinschauen – und ein so freundliches Gesicht, wie man es nur selten findet.

Als sie sich zum Gespräch hinsetzt, behält sie ihre Tasche auf dem Schoß und faltet ihre Hände darüber. Dann schlägt sie die Beine übereinander und wartet geduldig auf die erste Frage. Ich will erst einmal wissen, ob sie die Tasche nicht lieber auf den Boden stellen möchte, doch sie schüttelt nur den Kopf. Nein – sie ist bereit, uns ihre Geschichte zu erzählen.

Die Brücke

Verfolgt von einigen aufgebrachten Dorfbewohnern, rannte Bahia über eine Brücke um ihr Leben. Plötzlich – wie genau es passierte, kann sie gar nicht mehr sagen – fiel sie von der Brücke hinunter ins Wasser und verlor das Bewusstsein. Die

Dorfbewohner zogen sie aus dem Fluss, zerrten sie zur Brücke zurück und begannen auf sie einzuschlagen.

Obwohl Bahia damals schon seit fast sieben Jahren Christin war, erlebte sie an diesem Tag zum ersten Mal Gewalt aufgrund ihres Glaubens. In ihrem Dorf gab es vier christliche Familien; ursprünglich waren es fünf gewesen, aber eine der Familien hatte dem Druck nicht mehr standhalten können und war wieder zum Hinduismus konvertiert – lediglich ein 16 Jahre alter Junge aus der fünften Familie stand weiterhin treu zu Jesus und lebte seinen Glauben nun heimlich. Als Hauskreisleiterin betete Bahia manchmal mit ihm.

Bahias Familie hatte gar keine andere Wahl, als Jesus nachzufolgen, denn Gott hatte Bahia aus dem Machtbereich einiger Dämonen befreit. Einige Zeit später war dann ihr Bruder so krank geworden, dass selbst die Ärzte ihm nicht mehr hatten helfen können. Auf Drängen ihrer Mutter hin hatte Bahia für den Bruder gebetet, und als der daraufhin geheilt wurde, fand auch die Mutter voller Staunen und Freude zum Glauben. Leider haben Bahias Vater und Bruder diesen Schritt bisher noch nicht gewagt.

Weil Bahia und ihre Mutter sich vom Hinduismus abgewandt hatten, wurden sie zunächst schrecklich verhöhnt und bedrängt. Das war hart – aber nichts im Vergleich dazu, was dann einige Monate später geschah: Eine Frau aus dem Dorf starb, und die Menschen machten die Christen dafür verantwortlich – warum auch immer. Bahia und einige andere Christen wurden aus dem Dorf vertrieben und flohen in den Wald.

Erst in der Nacht wagten sie es, sich auf den Weg in ein anderes Dorf zu machen. Dort angekommen, verbrachten sie die restliche Nacht in einer Kirche. Bahia berichtet, was geschah, als sie am nächsten Tag in das Dorf zurückkehrten: „Wir wurden zunächst beschimpft und die Dorfvorsteher führten zahlreiche Unterredungen, an denen wir nicht teilnehmen durften. Das war schon schlimm, aber nichts im Vergleich zu der Gewalt, die danach auf uns zukam. Es begann völlig überraschend eine Woche, nachdem wir ins Dorf zurückgekehrt waren."

Männer und Frauen kamen zu ihrem Haus, zerrten sie nach draußen und schlugen überall am Körper auf sie ein.

Bahia, die eine Bibel umklammert hielt, schrie: „Warum schlagt ihr mich?"

Ihre Angreifer erwiderten: „Weil du keine Hindu bist. Verschwinde von hier. Du bist hier nicht mehr willkommen."

„Das ist mein Zuhause, ich lebe hier", entgegnete Bahia mit lauter Stimme, doch die Dorfbewohner brüllten weiter, dass sie aus dem Dorf verschwinden solle.

Bahia hatte keine Möglichkeit, sich gegen die Schläge zu verteidigen. Bald begann sie zu bluten, und als sie versuchte, die Bibel in ihren Armen zu bergen, fielen dicke Blutstropfen auf das Buch.

Schließlich packte einer der Angreifer ihren linken Arm und ein anderer den rechten. So gelang es ihnen, ihr die Bibel zu entreißen. Dabei brüllten sie: „Wir werden dieses Buch verbrennen."

Bahia rief völlig außer sich: „Macht mit mir, was ihr wollt, aber zerstört die Bibel nicht."

Dann wurde sie weggezerrt. Was mit der Bibel geschehen ist, weiß sie bis heute nicht.

Während sie durch das Dorf geschleift wurde, sah sie vor sich das Bild von Jesus, der mit Schlägen und Fußtritten zur Kreuzigung getrieben wurde.

Schließlich verlor Bahia das Bewusstsein. Als sie wieder zu sich kam, befand sie sich im Wald. Sie war von ihrer Mutter, die ebenfalls geschlagen worden war und direkt unter dem Auge eine große Wunde hatte, in Sicherheit gebracht worden. Auch die anderen 19 Christen aus dem Dorf waren dorthin geflüchtet und einer von ihnen rief bei der Polizei an. Doch die Beamten kamen erst spät in der Nacht und brachten die anderen Dorfbewohner mit. Bahia erinnert sich: „Alles, was die Polizisten sagten, war, dass wir friedlich zusammenleben sollten. Und dann gingen sie einfach wieder. Also kehrten wir in unser Dorf zurück und hofften das Beste."

Es dauerte jedoch nur wenige Tage, bis die Dorfbewohner erneut Streit begannen: Sie bestellten die Christen zu einem weiteren Treffen ein, bei dem die ohnehin angespannte Atmosphäre noch dadurch verstärkt wurde, dass einige der Anwesenden Trommeln schlugen. Bahia erzählt: „Wir weigerten uns, unseren Glauben aufzugeben, und das machte sie schrecklich wütend. Sie wurden aggressiv, weil wir Jesus die Treue hielten, und sie sagten, wir sollten ins Ausland verschwinden, denn da würden Christen hingehören."

Dieses Mal verließen die Christen das Dorf für mehrere Monate, bis sie einen Polizeibeamten trafen, der sich für sie einsetzte und dafür sorgte, dass die Dorfbewohner sie wieder aufnahmen. Dabei ermahnte der Beamte die Dorfleute in fast drohendem Ton, dass sie friedlich zusammenleben sollten.

Im Gegensatz zu den anderen Christen kehrte Bahia nicht mit ihnen zurück, sondern beschloss, eine Bibelschule zu besuchen. Als ich wissen möchte, warum sie sich so entschieden hat, antwortet sie:

„Als uns die Dorfbewohner aus dem Dorf vertrieben, drohten sie mir, dass sie mich vergewaltigen oder ermorden würden, wenn ich wieder zurückkäme. Die Lage im Dorf ist noch lange nicht geklärt. Ich möchte mehr über Gott erfahren, sodass ich eines Tages mit der guten Nachricht von Jesus Christus zurückkehren kann.

Das habe ich meiner Mutter versprochen, und es ist auch mein sehnlichster Wunsch. Ich möchte, dass alle wissen, dass Jesus nicht nur für Menschen aus anderen Ländern gestorben ist, sondern für jeden von uns. Das ist die Botschaft, die ich den Menschen in meinem Dorf, in Indien und auch außerhalb Indiens verkünden möchte."

Bahia hat Gottes Wort mit ihrem Leben verteidigt – aber ihr eigenes Leben hätte sie alleine nicht schützen können. Lokale Open Doors-Partner halfen ihr in ihrer verzweifelten Lage und versorgten sie mit dem Nötigsten. Bahia erinnert sich: „Ich weiß nicht, was ich ohne diese Unterstützung getan hätte: Ich hatte kein Geld und nicht einmal Kleider – doch dann kamt ihr."

Als ich Bahia daraufhin frage, ob sie den Menschen, die unsere Arbeit in Indien ermöglichen, eine Botschaft senden will, rechnete ich mit einem „Dankeschön" – aber sie sagt etwas völlig anderes:

„Fürchtet euch nicht, wenn euch Verfolgung droht. Das ist für einen Christen Teil seines Lebens. Verfolgt zu werden, ist ein Privileg, lasst euch dadurch also nicht entmutigen oder in Verzweiflung treiben."

Ich bin verblüfft, was für eine tiefe Weisheit diese junge Frau bereits erlangt hat. Vom Aussehen her erinnert sie mich stark an Reena (aus der vorherigen Geschichte), doch Bahias Geist wurde durch die Verfolgung nicht gebrochen – im

Gegenteil: Ihr Glaube war dadurch noch stärker geworden. Ich werde Bahias Worte nicht vergessen:

„Fürchtet euch nicht, auch wenn euch tausendfache Verfolgung droht – erst wenn jemand für seinen Glauben angegriffen wurde, kann er wirklich glaubwürdig darüber sprechen."

Ich frage Bahia, worum ich für sie beten soll, und sie hat auch darauf sofort eine Antwort: „Bitte bete, dass Gott mir dabei hilft, meinen Traum wahr werden zu lassen, nämlich Menschen ohne Glauben sein Wort nahezubringen – vor allem den Menschen in meinem Dorf, aber auch an allen anderen Orten, an denen Gottes Wort auf Widerstand trifft. Außerdem wünsche ich mir von ganzem Herzen, dass auch mein Vater und mein Bruder zum Glauben finden."

Ich bin völlig hingerissen von ihrer Leidenschaft für Jesus und wenn ich sie ansehe, muss ich daran denken, wie sie ihre Bibel mit ihrem eigenen Körper schützte und ihr Leben dafür geben wollte, um das Buch vor der Zerstörung zu retten. Mir wird klar, dass sie ihr Dorf nicht aus Schwäche oder Angst verlassen hat, sondern weil sie stärker wieder zurückkehren will. Sie brauchte Zeit mit Gott, um eine sogar noch kraftvollere Version der guten Nachricht mitbringen zu können.

So großartig das auch alles ist, der schönste Moment unseres Zusammentreffens liegt erst noch vor uns: Als ich für Bahia bete, ist sie immer noch angespannt. Dennoch frage ich sie nach dem Gebet, ob wir ein paar Fotos von ihr machen dürfen, und verspreche ihr, dass wir ihre Identität nicht preisgeben werden. Bahia stimmt zu. Als wir nach draußen gehen, erklärt uns Bahia, wie viel Mut unsere einheimischen Partner ihr gemacht hätten.

Ich denke darüber nach und frage dann in die Runde, ob

wir das irgendwie in einem Bild festhalten könnten. Dabei wende ich mich an die junge Frau, die für uns übersetzt: „Wie würdest du Bahia Mut machen?“.

Sie antwortet spontan: „Ich würde sie in den Arm nehmen und für sie beten.“

Nun will ich von Bahia wissen, ob das für sie in Ordnung sei, und sie nickt.

Die Frauen nehmen sich an der Hand und umarmen sich – und während ich durch die Linse des Fotoapparats schaue und versuche, diesen Moment mit der Kamera festzuhalten, bemerke ich etwas Wundervolles: Bahia lockert endlich ihre angespannten Schultern und ein Lächeln breitet sich auf ihrem Gesicht aus – wie Sonnenstrahlen, die durch dunkle Regenwolken brechen und den Himmel überfluten. Die beiden Frauen haben die Wangen aneinandergeschmiegt. Sie lassen sich von den Geräuschen der Kamera nicht stören. Die sind in diesem Moment nicht mehr als irgendein Hintergrundrauschen. Die beiden vergessen die Menschen um sich herum und die Verfolgung ist in diesem kostbaren Augenblick nichts anderes als eine ferne Erinnerung. Jetzt gerade gibt es für sie nichts als Wärme, Liebe, Verbundenheit und Jesus Christus.

Mir wird klar, dass Bahia und unsere junge Übersetzerin die Zukunft der indischen Christen sind. Erst gab die eine ihr Blut, um Gott zu dienen, dann schenkte ihr die andere ihre Umarmung – und manchmal ist eine Umarmung alles, was die verfolgten Christen brauchen.

Zum Weiterdenken

Liebe nimmt alles auf sich, sie verliert nie den Glauben oder die Hoffnung und hält durch bis zum Ende. 1. Korinther 13,7

1. Was haben Sie für sich aus Bahias Geschichte mitgenommen? Was davon hat Sie am stärksten bewegt und warum?
2. In Indien ist Götzenanbetung weitverbreitet. Gott muss Hindus oft von Dämonen befreien oder sie von fortdauernden Krankheiten heilen, bevor sie zum Glauben finden. Auch bei Bahia war das der Fall. Was denken Sie, aus welchem Grund habe ich oben geschrieben: „Bahias Familie hatte keine andere Wahl, als Jesus nachzufolgen"?
3. Wie empfinden Sie Bahias Ermutigungsbotschaft („Fürchtet euch nicht vor Verfolgung …") an Sie ?
4. Wie kann es sein, dass Bahia sich nicht vor Verfolgung fürchtet, obwohl sie doch so starke Misshandlungen erfahren hat? Was können wir von ihr lernen?
5. Lesen Sie das Kapitel 13 im 1. Korintherbrief (vor allem den oben zitierten Vers 7) und denken Sie dabei an das, was Bahia hat durchmachen müssen. Wie wird sie Vers 7 wohl empfunden haben?
6. Ist es möglich, seine Feinde zu lieben? Und wenn ja, was macht diese Liebe möglich? Müssen wir selbst etwas tun oder geschieht das allein durch Gottes Wirken in uns?
7. Erfahren Sie Ablehnung wegen Ihres Glaubens? Wie können Bahias Geschichte und diese Bibelstelle Sie stärken?

Kapitel 10

Sie sind wichtiger, als Sie denken

Jaanvi ist verheiratet, hat vier Kinder und stammt aus einem 500-Hütten-Dorf. Wie alt sie ist, kann sie uns nicht genau sagen, vielleicht 37 oder 38 Jahre. Auf den ersten Blick wirkt sie eher unauffällig – und wieso sollte auch irgendetwas Besonderes an ihr sein? Schließlich ist sie „nur" eine Frau aus einem Dorf, eine Ehefrau und Mutter, ein Mensch unter mehr als einer Milliarde Menschen, die das Land bevölkern. Sie lebt in bescheidenen Verhältnissen, hat weder Macht noch Einfluss, und ihr Glauben macht sie zur Zielscheibe von Spott und Anfeindungen. Sie ist eine *Paria*, eine Unberührbare.

Doch im Verlauf unseres Gesprächs wird mir mehr und mehr bewusst, wie wichtig und bedeutend sie ist: Sie ist ein Wahrzeichen Jesu in einer Gegend, in der es keine Kirchen gibt; ein Leuchtturm, der den Wellen der Verfolgung trotzt, die gegen sie branden; eine Mutter, die für ihre Familie und ihr Dorf betet. Gott hat sie dafür ausersehen. Nichts an ihr ist unbedeutend. Sie wurde für Zeiten wie diese geschaffen!

Ich möchte Ihnen mein Gespräch mit Jaanvi auf eine besondere Art wiedergeben, deswegen habe ich meine Aufzeichnungen nur minimal bearbeitet. Begleiten Sie mich also auf eine Reise, auf der wir gemeinsam entdecken werden, wie Gott diese einfache Frau, diese Ehefrau und Mutter, zu einem Segen für ihre Familie und sogar für ihre (ihr feindlich gesinnte) Dorfgemeinschaft gemacht hat.

Jaanvi, können Sie mir etwas über Ihre Kindheit berichten?

„Ich wuchs in einer hinduistischen Familie auf, und das bedeutete natürlich, dass ich Götzen anbeten musste. Meine Eltern brachten mir bei, was alle Eltern hier ihren Kindern beibringen: die zahlreichen Götter und Göttinnen des Hinduismus zu verehren und an allen wichtigen hinduistischen Zeremonien teilzunehmen. Wir huldigten den Göttern und Göttinnen, indem wir zum Beispiel getrocknetes Kokosnussfleisch kauften und einer bestimmten Göttin in einer speziellen Zeremonie opferten. Danach aßen wir die Opfergabe."

Wurde Ihnen der Sinn und Zweck dieser Rituale erklärt?

„Nein, niemand hat mir irgendetwas erklärt, wir haben es einfach gemacht, weil es Tradition war."

Und können Sie mir nach Ihrem heutigen Wissensstand den Sinn und Zweck dieser Rituale erklären?

„Im Christentum wenden wir uns an Jesus, damit er uns unsere Sünden vergibt. In der hinduistischen Kultur bringen wir Opfergaben dar, damit uns unsere Sünden vergeben werden."

Ich verstehe. Und wie sah Ihre Kindheit und Jugend aus? Wie haben Sie gelebt, bevor Sie sich zum Christentum bekehrt haben?

„Bevor ich Christ wurde, habe ich den Göttern zahlreiche Opfergaben dargebracht. Und das, obwohl wir sehr arm waren. Wir hatten überhaupt kein Geld."

Dann war Ihre Hauptsorge also, genug Geld zum Überleben zu verdienen?

„Nein, wir hatten andere Probleme: Meine Tochter litt unter epileptischen Anfällen. Ich hatte große Angst um sie, und wir ließen nichts unversucht, damit sie wieder gesund wurde. So fanden wir schließlich auch zum Glauben an Jesus Christus, denn nachdem wir anfingen, Gottesdienste zu besuchen, wurde sie geheilt."

Können Sie beschreiben, wie das Leiden Ihrer Tochter genau aussah?

„Es war uns gar nicht bewusst, aber wir suchten eigentlich nach Frieden. Wir beteten zu so vielen Götzenbildern und hielten hinduistische Zeremonien ab. Jeden Morgen und Abend huldigte ich in unserem Garten dem wichtigsten Gott meines Stammes. Aber es half alles nichts: Meine Tochter litt weiter – und zwar unter den bösen Geistern, die für ihre Anfälle verantwortlich waren. Aber nicht nur sie war betroffen, sondern mein Sohn auch. Beide wurden von bösen Geistern heimgesucht."

Können Sie uns ein Beispiel dafür nennen?

„Mein Sohn war immer ein guter Esser und trotzdem litt er unter schwerer Unterernährung und war schrecklich mager. Er war damals erst ein Jahr alt und wirkte furchtbar schwach und kraftlos."

Und wie haben Sie dann schließlich zum Glauben gefunden?

„Eine Verwandte von mir war zum christlichen Glauben gekommen und erzählte uns vom Evangelium. Sie sagte uns auch, dass wir den Gottesdienst in einem kleinen Dorf in der Nähe besuchen sollten. Wir folgten ihrem Rat und begaben uns zu dem kleinen Haus, in dem der Gottesdienst stattfand.

Insgesamt hatten sich ungefähr 50 oder 60 Menschen dort versammelt. Der Pastor betete für unsere Kinder und beide wurden über eine Dauer von fünf Sonntagen geheilt. Mein Sohn beispielsweise legte extrem viel an Gewicht zu – und das in solch einer kurzen Zeit. Der Pastor ermahnte uns jedoch und sagte: ‚Wenn nur [die Christen] beten, kann es sein, dass die Kinder nicht vollständig geheilt werden. Ihr [zu der Zeit noch Hindus] müsst auch beten und damit aufhören, den Götzenbildern zu huldigen. Ihr müsst auch für euch selbst beten.‘ Wir beherzigten seine Worte und hörten sofort damit auf, die Götzenbilder anzubeten. Stattdessen besuchten wir den Gottesdienst. Mein Mann, der vom Alkohol und von Kautabak abhängig war, gab beides auf."

Mit welchen Erwartungen gingen Sie zu dem Gottesdienst?

„Ich hatte schon, bevor ich dorthin ging, eine Entscheidung getroffen: Wenn mein Sohn und meine Tochter geheilt würden, würde ich mein Leben Gott schenken."

Das ist ein Gebet, was nur eine Mutter sprechen kann, nicht wahr?

Ihr „Ja!" wird von einem Lächeln begleitet.

Sie waren also Hindus, bis Sie die Gottesdienste besuchten und der Pastor Ihnen sagte, dass Sie aufhören sollten, Götzen anzubeten?

„Ja, und natürlich hatte ich zunächst Bedenken, zu einem christlichen Gottesdienst zu gehen – ich hatte Angst, dass die hinduistischen Götter auf mich wütend werden könnten. Aber ich habe diesen Schritt dennoch getan."

Ihr Gebet als Mutter wurde erhört und Ihre Kinder wurden geheilt – dadurch hat Ihre Familie zum Glauben gefunden. Doch es führte auch dazu, dass Sie angefeindet wurden. Hatten Sie mit alldem gerechnet?

„Überhaupt nicht."

Welche Anfeindungen haben Sie erlebt?

Jaanvis Augen werden feucht, als sie diese Frage beantwortet: „Wir haben ein kleines Feld, aber wir hatten keine Wasserstelle. Zwei Jahre nachdem wir zum Glauben gefunden hatten, bat ich die Dorfbewohner um Hilfe, weil ich bei dem Feld einen Brunnen graben wollte – aber sie weigerten sich. Mein Vater und mein Schwiegervater mussten die Arbeiten ganz alleine durchführen, während die Dorfbewohner um sie herumstanden und sich über sie lustig machten und sie verspotteten. Jeden Tag musste ich 32 Stufen hinabsteigen und den Schlamm aus der Grube entfernen, um Wasser holen zu können. Eines Tages konnte ich nicht mehr an mich halten und begann zu weinen und Gott um Hilfe anzuflehen – und Gott erhörte mein Flehen!"

Was geschah?

„Ich bekam die Möglichkeit, mir etwas Geld zu verdienen, mit dem wir den Brunnen fertigstellen konnten. Nun hatten wir genug Wasser, um ausreichend Gemüse anbauen und verkaufen zu können – das sicherte uns ein kleines Einkommen."

Haben Sie weitere Anfeindungen erlebt?

„Es vergeht kein Tag, an dem wir nicht angefeindet werden, aber manchmal ist es besonders schlimm. Zum Beispiel kurz nachdem mein Schwiegervater gestorben war: Er war leider kein Christ gewesen, aber er hatte bei uns gelebt, und deswegen kam keiner der Dorfbewohner zu unserem Haus, um an seiner Beerdigung teilzunehmen. Sie sagten: ‚Bittet eure Christenfreunde darum, dass sie euch beim Beerdigen unterstützen, wir werden nicht kommen.'"

Wie haben Sie ihn denn dann beerdigt?

„In unserem Dorf leben vier weitere christliche Familien, mit denen wir gemeinsam eine kleine Trauerfeier abgehalten haben."

War das schwierig für Sie?

„Es war schrecklich. Ich habe so viel geweint. Nicht wegen meines Schwiegervaters, sondern weil ich mir solche Sorgen machte: Wie sollten wir in diesem feindlichen Umfeld bestehen? Ich weinte wirklich viel und flehte zu Gott."

Haben Sie sich damals schwach oder einsam gefühlt?

„Nein, ich wusste, dass Gott mir helfen würde. Deswegen habe ich unter Tränen zu ihm gebetet."

Was geschah nach der Beerdigung?

„Vor drei Monaten organisierten die Dorfbewohner extra eine Versammlung, an der wir teilnehmen mussten. Sie fragten uns, warum wir unseren Glauben an Christus nicht einfach aufgeben würden und forderten uns auf, sofort an Ort und Stelle den Götzen Opfer darzubringen. ‚Wenn ihr das nicht tut', sagten sie, ‚dann werden wir jeglichen Kontakt zu euch abbrechen. Niemand wird euch besuchen, niemand wird eure Söhne und Töchter heiraten, und es wird euch nicht erlaubt sein, mit uns zu sprechen.'"

Können Sie die Atmosphäre auf dem Treffen beschreiben?

„Die Stimmung war aggressiv, die Dorfbewohner verfluchten und beleidigten uns. Sie sagten, wir hätten den Zorn der Götter auf uns gezogen und würden sterben, wenn wir uns nicht wieder den Göttern zuwendeten. Sie schlugen uns zwar nicht, aber behandeln uns seitdem wie Aussätzige – sie schauen uns nicht einmal mehr an, es sei denn, sie spucken uns an oder beschimpfen uns."

Gibt es irgendeinen Bibelvers, der Sie durch diese Zeit hindurch tröstet?

„Gott hat uns mit vielen Worten getröstet, aber besonders mit den Worten aus dem 1. Petrusbrief, Kapitel 1,12-19:

Gott ließ sie wissen, dass diese Offenbarungen nicht ihnen selbst galten, sondern euch. Nun sind sie euch verkündet worden, und zwar von denen, die euch die rettende Botschaft gebracht haben. Gott hat sie dazu durch den Heiligen Geist bevollmächtigt, den er vom Himmel zu ihnen sandte.

Diese Botschaft ist so einzigartig, dass selbst die Engel gern mehr davon erfahren würden. Darum seid bereit und stellt euch ganz und gar auf das Ziel eures Glaubens ein. Lasst euch nichts vormachen, seid besonnen und richtet all eure Hoffnung auf Gottes Barmherzigkeit, die er euch in vollem Ausmaß an dem Tag erweisen wird, wenn Jesus Christus für alle sichtbar kommt.

Weil ihr Gottes Kinder seid, gehorcht ihm und lebt nicht mehr wie früher, als ihr euch von euren Leidenschaften beherrschen ließt und Gott noch nicht kanntet. Der heilige Gott hat euch schließlich dazu berufen, ganz zu ihm zu gehören. Nach ihm richtet euer Leben aus! Genau das meint Gott, wenn er sagt: „Ihr sollt heilig sein, denn ich bin heilig."

Ihr betet zu Gott als eurem Vater und wisst, dass er jeden von euch nach seinem Verhalten richten wird; er bevorzugt oder benachteiligt niemanden. Deswegen führt euer Leben in Ehrfurcht vor Gott, solange ihr als Fremde mitten unter den Menschen lebt, die nicht an Christus glauben. Denn ihr wisst ja, was es Gott gekostet hat, euch aus der Sklaverei der Sünde zu befreien, aus einem sinnlosen Leben, wie es schon eure Vorfahren geführt haben. Er hat euch losgekauft, aber nicht mit vergänglichem Silber oder Gold, sondern mit dem kostbaren Blut eines unschuldigen und fehlerlosen Lammes, das für uns geopfert wurde – dem Blut von Christus.

Unsere Lage hat mich auch an die Leiden von Daniel und Hiob erinnert – diese biblischen Bücher haben mir viel Mut gegeben."

Sie werden fast vom ganzen Dorf geächtet. Wie wirkt sich das auf Ihr Leben aus?

„Früher kamen andere Christen zu mir nach Hause und wir haben gemeinsam Gottesdienste abgehalten – das ist heute nicht mehr möglich, denn nach der Ächtung kam auch der Dorfvorsteher manchmal vorbei – und das nicht mit freundlichen Absichten. Er schrie uns an und befahl, unsere Gottesdienste zu beenden, und natürlich bekamen die Menschen Angst. Nun kommen sie nur noch einzeln oder in sehr kleinen Gruppen."

Kam es bislang zu Handgreiflichkeiten?

„Gott sei Dank war das noch nicht der Fall. Wir haben Angst, dass es eines Tages geschehen könnte, aber wir sind darauf vorbereitet. In der Bibel steht: ‚Betet für die, die euch verfolgen.' Falls es so weit kommt, werden wir niemanden beschimpfen oder verfluchen."

Wie alt sind Ihre Kinder jetzt?

„Die beiden Mädchen sind 14 und 19 Jahre alt und die Jungen 12 und 15 Jahre."

Haben sie Freunde?

„Zum Glück, ja. Kindern ist soziale Ächtung gleichgültig, sie spielen trotzdem miteinander."

Ist es für Sie wichtig, in Verbindung mit Menschen außerhalb Indiens zu stehen?

„Sehr wichtig. Es macht mich glücklich, dass ich durch Sie mit ihnen verbunden bin. Wir stammen aus unterschiedlichen Kulturen und Ländern, aber wir stehen einander bei. Unser Zusammenhalt gibt uns Freude und macht uns stark."

Würde es eine Veränderung bewirken, wenn diese Menschen für Sie beten?

Sie denkt gründlich über diese Frage nach und antwortet dann einfach nur: „Ja. Das wäre sehr nett."

Worum sollen wir bitten, wenn wir für Sie als verfolgte Christin beten?

„Ich habe einen sehnlichen Wunsch: Um uns herum sehe ich Hindus, die an Krankheiten leiden und keinen Frieden finden, so wie es bei meiner Familie damals auch gewesen ist. Ich bete darum, dass sie auch zu den Gottesdiensten kommen und die heilende und vergebende Kraft von Jesus Christus erfahren und ihn kennenlernen, so wie wir ihn kennengelernt haben."

An wen denken Sie dabei?

„Besonders an unseren Dorfvorsteher. Er ist mit uns verwandt und feindet uns besonders stark an. Er sagt, dass sie – die Hindus – in der Überzahl seien und wir Christen nur wenige, und dass wir deswegen verlieren würden. Mein Herzenswunsch ist, dass er seine Fehler erkennt und zu Christus findet. Er und die anderen kennen Jesus nicht, weil sie an Götzen glauben und deswegen nicht in der Lage sind, uns zuzuhören und die Wahrheit zu verstehen."

Wollen Sie den Menschen, die für Sie beten und unsere Arbeit unterstützen, etwas mitteilen?

„Bitte beten Sie für mein Dorf, damit die Menschen dort alle zum Glauben finden."

Und das war's – nach allem, was sie erlebt hat, sagt sie nur diesen einen Satz: „Bitte beten Sie für mein Dorf, damit die Menschen dort alle zum Glauben finden."

Dieser Satz zeigt, dass sie nicht hasst, sondern liebt. Dass sie nicht aufgegeben hat, sondern standhält. Dass sie nicht nachgibt, sondern ihrem Hirten folgt. Ja, tatsächlich: Jaanvi ist alles andere als unbedeutend!

Zum Weiterdenken

Ich weiß, was du getan und geleistet hast. Sieh, ich habe dir eine Tür geöffnet, die niemand verschließen kann. Deine Kraft ist klein; doch du hast an dem, was ich gesagt habe, festgehalten und dich unerschrocken zu mir bekannt. Offenbarung 3,8

1. Wie sieht Gott Jaanvi Ihrer Meinung nach?
2. Jaanvi würde niemals behaupten, dass sie eine wichtige Rolle in Gottes Reich spielt. Wie beurteilen Sie Ihre eigene Rolle in Gottes Geschichte?
3. Kann es sein, dass Sie wichtiger sind, als Sie annehmen?
4. Lesen Sie in der Offenbarung, Kapitel 3,7-13 und denken Sie darüber nach, was Jesus zu der Kirche in Philadelphia sagt. Stellen Sie sich vor, diese Worte gälten Ihnen oder Ihrer Gemeinde. Wie würden Sie das empfinden?
5. „Ich habe dir eine Tür geöffnet, die niemand verschließen kann." Dieser Bibelvers war die Inspiration für den Namen „Open Doors". Was bedeutet der Vers Ihrer Meinung nach? Und warum bezeichnen wir uns so zuversichtlich als „Open Doors"?
6. In der Offenbarung heißt es auch: „Deine Kraft ist klein" – wirft Gott seinen Leuten vor, dass es ihnen an Kraft, Erfindungsgeist oder Einfluss mangelt? Was zählt wirklich für ihn?
7. Halten Sie fest an dem, was Gott sagt, und bekennen Sie sich unerschrocken zu ihm? Können Sie in diesem Bereich noch an sich arbeiten?

Kapitel 11

Wenn Sie verfolgt werden, ziehen Sie sich zurück (um zu beten)

Im ersten Kapitel dieses Buches habe ich Kusum vorgestellt, die 25-jährige Witwe, die ihr eigenes Kind nicht beerdigen durfte. Ihr Schwiegervater bedrohte sie, weil er ihren Glauben für den Tod seines Sohnes und Enkels verantwortlich machte. Wie ich schon erzählt habe, war ihre Geschichte ein absoluter Albtraum für mich – gleichzeitig bin ich aber auch voller Dankbarkeit, dass ich sie kennenlernen und ihr ein wenig helfen durfte.

Wir nähern uns dem Ende dieses Buches und ich fühle mich nun bereit dazu, in diesem und dem letzten Kapitel ein paar der Geschichten mit Ihnen zu teilen, die mich besonders tief berührt haben. Diese Geschichten sind für mich von besonderer Bedeutung und ich hoffe und bete, dass die Worte auf diesen Seiten Ihr Leben ändern werden. Und dass sie Ihnen (und auch mir) dabei helfen, in unserer Beziehung mit Jesus Christus zu wachsen, durch den wir mit den verfolgten Christen in Indien und darüber hinaus verbunden sind.

Nur durch ihn finden wir Sinn – das ist die Botschaft, die sich durch alle Geschichten in diesem Buch zieht und die mit Sicherheit auch die Botschaft ist, die Kusum erfahren hat.

Als ich sie zum ersten Mal traf, wurde sie von einer Freundin Anfang 20 begleitet. Kusum hielt ich damals für einige Jahre älter. Das lag vielleicht auch daran, dass mir die Christen vor Ort sie als eine Witwe mit einem neun Jahre alten Sohn beschrieben hatten. Als ich erfuhr, dass sie erst 25 Jahre alt war, überraschte mich das, bis mir einfiel, dass im ländlichen Indien Mädchen für gewöhnlich schon im Teenageralter verheiratet werden.

Allerdings hatte ich sie nicht nur wegen der Informationen über ihre Witwenschaft und ihren Sohn für älter gehalten, sondern auch, weil sie tatsächlich älter wirkte. Sie trug einen grünen Sari (eine Art Wickelrock), der wunderschön mit Blumen verziert und mit gelb-lila Streifen gerahmt war, und darüber ein lila Oberteil (eine sogenannte „Choli"). Ihr Blick wirkte entschlossen, und erst im Gespräch entdeckte ich die tiefe Trauer in ihren Augen, die der Tod ihres fünf Jahre alten Sohnes – nur einen Monat vor unserem Treffen – in ihr hinterlassen hatte.

Während unseres ersten Interviews hätte man in den Gesprächspausen eine Stecknadel fallen hören können. Alle Anwesenden konnten die Last spüren, die auf ihr lag. Bei jeder ihrer Antworten musste ich auf die Übersetzung warten und bemerkte währenddessen an ihrer Stimme und ihrer Körpersprache, wie aufgewühlt sie war. Ich werde dieses Interview niemals vergessen.

Sie begann ihre Erzählung damit, dass sie in eine hinduistische Familie geboren worden war und ab ihrem elften Lebensjahr heimlich mit einer Tante den christlichen Gottesdienst besucht hatte. Später wollten auch die Eltern Christen werden und begleiteten Kusum zum Gottesdienst. Bis heute ist mir allerdings nicht klar, ob sie dann tatsächlich den Schritt in den christlichen Glauben gegangen sind.

Wie ich schon berichtet habe, heiratete Kusum sehr jung und bekam mit 16 Jahren ihr erstes Kind – einen Jungen. Vier Jahre später kam ihr zweiter Sohn zur Welt, doch kurz darauf starb ihr Ehemann. Die Dorfbewohner wussten, dass Kusum ihn zum gemeinsamen Gottesdienstbesuch hatte überzeugen wollen, und gaben ihr daher die Schuld an seinem Tod. Kusum erzählte von der Zeit nach dem Tod ihres Ehemanns: „Zunächst fand ich eine Arbeit als Köchin, wurde jedoch bald entlassen. Dann bekam ich einen Job an einer Schule, wurde aber wieder entlassen – als Grund wurde mir genannt, dass ich meinen Glauben an Jesus nicht aufgeben wollte."

In den ganzen fünf Jahren nach dem Tod ihres Mannes kämpfte sie darum, Geld zu verdienen, um ihre Kinder ernähren zu können. Sie verheimlichte ihren Glauben, damit die Hindus keinen Anstoß nahmen und ihr nicht verwehrten, wenigstens etwas Geld für eine Mahlzeit zu verdienen und Wasser von der Wasserstelle zu holen.

Im Sommer 2015 traf sie ein weiterer Schlag: Sie musste ihren fünf Jahre alten Sohn mit Leukämie ins Krankenhaus bringen. Kusum berichtete von dieser Zeit: „Einen ganzen Monat musste er im Krankenhaus bleiben, und ich versuchte zunächst, auch dort meinen Glauben so gut es ging zu verheimlichen."

Nach dem, was Kusum durchgemacht hatte, ist ihre Haltung für mich völlig nachvollziehbar – doch dann entschied sich Kusum, nicht mehr so weiterzuleben: „Ich dachte, dass Gott meinen Sohn vielleicht heilen würde, wenn ich mich offen zu ihm bekennen und ihm nachfolgen würde. Also erzählte ich den Menschen um mich herum von meinem Glauben und tatsächlich ging es meinem Sohn langsam besser. Mein Glaube begann erneut zu wachsen und ich dachte mir: *Was auch immer passieren mag, ob wir leben oder sterben, ich werde niemals aufhören, an Jesus Christus zu glauben.*"

Ihr Sohn kam wieder nach Hause; er war so fröhlich und verspielt wie zuvor und für ein paar Monate sah es so aus, als habe er die Krankheit überwunden. Doch dann sagte er ungefähr vier Wochen vor unserem Gespräch zu seiner Mutter, dass er sich nicht gut fühle.

Kusum blieb zunächst ruhig und meinte: „Gut, lass uns zu unseren Freunden gehen und mit ihnen für dich beten." Das taten sie auch – doch sein Zustand wurde nicht besser. Schließlich erklärten die Freunde, dass der Junge ins Krankenhaus gebracht werden müsse, und sie fuhren mit ihm zur nächstgelegenen Klinik. Kusum berichtete: „Als die Krankenschwester ihm Blut abnehmen wollte, kam nur eine wässrige Flüssigkeit heraus, deswegen schickten sie uns gleich in ein anderes Krankenhaus."

Ab da geriet Kusum in Panik. Es fuhren nur sehr wenige Busse in dieser Gegend, deshalb rannte sie verzweifelt Richtung Straße und schrie den Taxifahrern zu: „Wer kann mich ins Krankenhaus fahren? Mein Kind ist krank und ich bin Witwe! Wer kann mir helfen?"

Ihrer Freundin gelang es schließlich, ein Motorrad zu organisieren, auf dem sie gemeinsam zum Kreiskrankenhaus fahren konnten. Auf der Fahrt spürte Kusum, wie ihr Sohn langsam das Bewusstsein verlor. Als ihr die Ärzte und Schwestern im Krankenhaus schließlich das Kind aus den Armen nahmen, konnte Kusum nichts mehr tun, außer zu beten.

Dennoch verstarb ihr geliebter Sohn noch am selben Abend um 19 Uhr. Kusum fiel auf die Knie und begann zu weinen und zu schreien: „Nein! Ich habe schon meinen Mann verloren! Und jetzt auch noch meinen jüngsten Sohn!" Als Kusums Eltern kamen, um sie und den Leichnam des Jungen abzuholen, versuchten sie, ihre Tochter zu trösten, doch Kusum wusste, dass nur Gott ihr würde helfen können.

Fast unmittelbar nach ihrer Rückkehr brach eine erneute

Woge der Verfolgung über sie herein, so wie es auch schon nach dem Tod ihres Ehemanns gewesen war. Als sei der Verlust ihres geliebten Sohnes nicht schon mehr als genug Leid gewesen!

Mit zitternder Stimme berichtete Kusum, was geschehen war: „Die Dorfbewohner erlaubten mir zunächst nicht, eine Beerdigung für meinen Sohn abzuhalten. Sie sagten, dass ich einen Fluch über unsere Familie gebracht hätte, und dass mein Ehemann und mein Sohn wegen meines christlichen Glaubens gestorben seien. Schließlich durfte ich meinen Sohn dann doch beerdigen, aber nur am Dorfrand, und ich musste es auch ganz allein tun – keiner durfte mir helfen!"

Während sie sprach, verlor sich ihr Blick in der Ferne. Wir konnten uns gut vorstellen, dass sie wieder vor sich sah, wie sie die Grube ausgehoben und den Leichnam ihres Sohnes in das kleine Grab gelegt hatte. Wie einfach war es nachzuspüren, wie allein und verlassen sie sich dabei gefühlt haben musste. Kusum brach ihren Bericht ab. Aber das war in Ordnung – jeder von uns im Raum konnte in ihren Augen lesen, wofür ihr die Worte fehlten.

Dann wechselte sie plötzlich das Thema und beschloss, zu der Nacht vorzuspringen, als ihr Schwiegervater mit einer Axt vor ihrem Haus gestanden und gedroht hatte, sie zu töten: „Es gab keine Fluchtmöglichkeit, ich konnte mich nur in eine Ecke kauern und still beten. Die einzige Gewissheit, die ich hatte, war, dass ich Jesus nicht betrügen würde, denn in all den Tragödien hatte er mich nie im Stich gelassen."

Vielleicht wird Kusum nie erfahren, was damals im Kopf ihres Schwiegervaters vorgegangen war. War es blanker Zorn gewesen? War es Trauer oder ein Gefühl der Ohnmacht? Empfand er vielleicht auch einen Hauch von Mitleid? Am

Ende nahm er einfach seine Axt auf und ging wieder nach Hause. Bis heute weiß Kusum nicht, ob er oder jemand anderes jemals zurückkehren und sie töten wird.

Während sie erzählte, strich Kusum sanft über ihre Beine und Knie. Es war erst einen Monat her, dass all das passiert war. Stockend erklärte sie uns, wie sehr sie immer noch um ihr Kind trauerte – aber auch, wie sie Trost fand: „Ich vermisse ihn so schrecklich! Ich höre seine Stimme, ich sehe ihn vor mir, ich fühle ihn, wie er auf meinem Schoß sitzt … Aber ich weiß auch aus der Bibel, dass Gott ihn nicht zu mir zurückbringen wird – stattdessen wird er mich eines Tages zu ihm bringen!"

Als ich wissen wollte, woher sie ihre Kraft nehme, antwortete sie ganz nüchtern und mit ernstem Gesicht: „Gott gibt mir Stärke."

Nach diesem Gespräch sahen wir uns zwei Jahre lang nicht mehr, aber ich wusste, dass sie durch einheimische Christen mithilfe von Open Doors unterstützt wurde. Und auch ich betete während dieser zwei Jahre für sie und erzählte ihre Geschichte in verschiedenen Gottesdiensten und bei anderen Gelegenheiten.

Im ersten Kapitel habe ich darüber berichtet, wie Kusums Geschichte Menschen weltweit inspiriert hat, und was die Verbundenheit mit diesen Menschen für Kusum bedeutete. Hier folgt nun mein neuestes Gespräch mit Kusum, in dem sie erzählt, wie sich ihr Leben nach unserem ersten Treffen entwickelt hat:

Wie geht es dir?

„Sehr gut. Ich freue mich so, dich wiederzusehen. Die zwei Jahre, die seit unserem letzten Treffen vergangen sind, verliefen sehr gut. Ich erfahre zwar immer noch Ablehnung und Verfolgung von der Familie meines verstorbenen Mannes, aber ich bin nicht mehr traurig oder verzweifelt. Jedes Mal, wenn ich Verfolgung erlebe, bete ich. Das Beten gibt mir Kraft, und ich weiß, dass auch andere für mich beten."

Was ist mit deinem Schwiegervater? Droht er immer noch, dich zu töten?

„Hin und wieder. Vor ein paar Tagen kam er mit einem großen Stock und drohte, mich damit zu schlagen. Wenn er mich früher zu Hause aufgesucht und bedroht hat, hat mich das immer traurig gemacht. Doch jetzt gibt Gott mir Frieden ins Herz. Ich kann meinem Schwiegervater sogar entgegentreten und seine Beschimpfungen aushalten."

Was sagt er, wenn er dich beschimpft?

„Wegen dir sind mein Sohn und mein Enkel gestorben."

Dabei treten ihr Tränen in die Augen. Sie erinnern mich an unser erstes Treffen, als sie gerade ihren Sohn verloren hatte und noch gar nicht in der Lage war, das Erlebte einzuordnen. Als sie meinen Blick bemerkt, erklärt sie schnell: „Ich weine nicht aus Trauer, sondern aus Freude – ich freue mich, dass wir uns wiedersehen und dass Jesus mir zur Seite steht, seit ich diese Schicksalsschläge erlitten habe."

Hat dir dein Schwiegervater jemals körperliches Leid zugefügt?

„In der Regel kommt er mir nicht zu nahe. Aber manchmal ist er betrunken, meist einfach nur wütend."

Ist das seine Art zu trauern?

„Nein, er hält mich wirklich für schuldig am Tod seines Sohnes."

Ist er der Einzige, der dich verfolgt?

„Nein. Alle aus seiner Familie beschimpfen mich und keiner im Dorf gibt mir Arbeit. Ich darf keine Feldarbeit verrichten. Sie behandeln mich, als würde ich einer niedrigeren

Kaste angehören. Einmal habe ich eine Anstellung als Köchin gefunden, aber dann haben sich ein paar der hinduistischen Familien beschwert und ich musste gehen. Gerade habe ich eine Arbeit als Putzfrau in einer Schule, aber es gibt schon wieder die ersten Beschwerden und es heißt, ich solle gehen. Zum Glück ist die Familie meiner Mutter anders. Sie unterstützt mich finanziell, wenn ich in Not bin. Das ist eine der vielen Arten, wie Gott sich um mich kümmert."

Verzweifelst du manchmal wegen dieser Ablehnung?

„Nein, ich bin sehr glücklich. Ich bin mutig geworden! Obwohl mein Mann und mein Sohn gestorben sind, finde ich Mut in Christus."

Wie kam es dazu?

„Jesus macht mich stark. Warum? Weil ich erfahren habe, dass Gott mich versorgt – es war bisher jedes Mal so, wenn ich etwas gebraucht und dann dafür gebetet habe. Ich weiß, dass er für mich da sein wird, wenn ich wieder in eine schwierige Situation geraten sollte."

Kannst du Beispiele dafür geben, wie Gott dir gab, worum du gebeten hast?

„Manchmal habe ich nicht genug Geld, aber Gott sorgt jedes Mal dafür, dass alle meine Bedürfnisse gestillt werden. Einmal hatte ich ein medizinisches Problem im Nasenbereich. Ich litt sehr, aber ich erzählte keinem davon, denn uns hätte sowieso das Geld für eine Behandlung gefehlt. Als ich in dieser Zeit einmal im Haus meiner Eltern war, konnte ich nichts anderes tun, als die ganze Zeit still in einer Ecke zu sitzen und zu beten. Ich sagte: ‚Herr, ich habe kein Geld. Was soll ich nur tun?' Und plötzlich erinnerte mich Gott daran, dass ich früher an einem bestimmten Ort in meinem Haus Geld aufbewahrt hatte – ich lief nach Hause und fand tatsächlich

500 Rupien an der besagten Stelle. Überglücklich kehrte ich zu meinen Eltern zurück und freute mich zusammen mit ihnen, dass ich dieses Geld wiedergefunden hatte!"

Das ist wundervoll. Und wie geht es deinem ersten Sohn? Er müsste doch jetzt schon 11 Jahre alt sein.

„Ihm geht es sehr gut. Er besucht die Schule in einem anderen Dorf und lebt dort in einem christlichen Internat. Ich bin eben von einem Besuch bei ihm direkt hierhergekommen. Es geht ihm wirklich sehr gut."

Du hast ihn auf ein Internat geschickt?

„Ich habe vorhin ja schon erzählt, wie es in meinem Dorf zugeht – ich will nicht, dass er das alles mitbekommt. Außerdem erhält er so eine gute Ausbildung."

Du leidest also immer noch unter starker Verfolgung. Hast du jemals darüber nachgedacht, aus deinem Dorf zu fliehen?

„Ja, manchmal will ich tatsächlich einfach nur weglaufen – und ab und zu tue ich das dann auch, aber immer nur für eine kurze Zeit. Ich will mein Dorf nicht für immer verlassen. Meist suche ich mir einfach einen ruhigen Ort, an dem ich für mich sein kann. Dort bete ich lange und vertraue Gott alles an, was mich quält. Dann tröstet er mich und sagt: ‚Sei beruhigt, ich bin bei dir.' Das richtet mich jedes Mal wieder auf."

Wie oft ziehst du dich an solch einen Ort zurück?

„Jedes Mal, wenn ich beschimpft werde. Dort finde ich immer inneren Frieden – und Gott hat mich durch das Gebet wirklich geheilt."

Willst du uns mehr dazu erzählen?

„Ich war lange Zeit sehr krank: Ich konnte nicht einmal aufstehen oder essen und hatte ständig Blutungen. Also betete ich zu Gott und sagte ihm, dass ich an dieser Krankheit sterben würde, wenn sie nicht bald aufhören würde. Und ich sagte ihm, dass ich keine Arbeit hätte und ganz allein sei. Kein Arzt könne mir helfen, und es gäbe nicht einmal jemanden, der mir ein Glas Wasser brächte. Ich betete: ‚Du musst mich heilen!' Vor sechs Monaten hörten die dauernden Blutungen dann endlich auf und ich bekam meine Periode wieder regelmäßig. Gott hat alle meine Krankheiten geheilt, bis auf das Problem mit meiner Nase, aber dafür bete ich einfach weiterhin um Heilung."

Als wir uns vor zwei Jahren getroffen haben, hattest du gerade deinen fünf Jahre alten Sohn verloren. Hat Gott dir geholfen, diesen Verlust zu verkraften?

„O ja, Gott hat mich im Gebet sehr getröstet. Viele Menschen haben mir geraten, die Trauer mit Zauberkraft zu lindern, aber das habe ich nicht getan. Ich habe einfach nur gebetet und gebetet und gebetet. Und Gott hat mich Schritt für Schritt in meinem Geist und in meinem Herzen geheilt. Zu meinem Schwiegervater habe ich gesagt: „*Du* musst deinen Göttern immer Tieropfer darbringen. *Ich* habe meinem Gott noch nicht mal eine einzige Blume gebracht und dennoch sorgt er für mich!"

Hat dein Sohn eigentlich auch so ein Gottvertrauen, wie du es hast?

„Er vertraut Gott vollständig. Als ich ihn das letzte Mal besucht habe, hat er mir gesagt: ‚Mach dir keine Sorgen. Wenn ich groß bin, werden wir zusammen im Dorf leben.' Es hat mich so glücklich gemacht, als er das gesagt hat."

Dann will er also auf dich achtgeben?

Kusum lacht: „In den Ferien lebt er bei mir, und ich warne ihn ständig davor, sich mit den unfreundlichen Kindern im

Dorf abzugeben. Aber er antwortet mir immer nur: ‚Nein, Mama, ich werde mit allen spielen – sie sollen alle meine Freunde sein, damit ich ihnen von Jesus erzählen kann.'"

(Hier unterbreche ich Kusum kurz und frage im Spaß, ob ihr Sohn vielleicht meine Tochter heiraten könne, wenn die beiden etwas älter seien, und sie erwidert lachend, dass sie das für eine gute Idee hielte.)

Ich denke, dass viele Menschen auf der ganzen Welt gerne so fest auf Gott vertrauen würden, wie du und dein Sohn es haben. Wie habt ihr das gelernt?

„Viele Menschen sind eifersüchtig auf mich. Alle dachten, ich würde zu einer armen Witwe – aber ich führe ein unabhängiges, freies und gutes Leben."

Kannst du uns etwas über deine geistlichen Gewohnheiten erzählen? Wie hältst du es zum Beispiel mit dem Bibellesen oder Beten?

„Ich habe gar keine Bibel, weil ich nicht lesen kann, aber ich bin durch das Gebet so unabhängig geworden. Bei der Arbeit singe und bete ich die ganze Zeit. Kurz bevor mein fünf Jahre alter Sohn starb, sagte er zu mir: ‚Hör nicht auf zu beten. Hör nicht auf, den Gottesdienst zu besuchen.' Das hat mir so viel Mut gegeben und meinen Glauben am Leben erhalten."

Was hat euren Mut und Glauben sonst noch stark und lebendig gemacht?

„Die Menschen von Open Doors, die mir geholfen haben. Immer wenn ich in großer Not war, hat Gott mir durch sie Hilfe gesandt. Als ich nichts zu essen hatte, hat er einen Partner von Open Doors mit Lebensmitteln zu mir geschickt. Ich bin euch allen so dankbar, denn ihr wart da, als ich euch gebraucht habe. Danke!"

Damit beenden wir unser Gespräch. Im Anschluss beten wir noch zusammen und ich versichere ihr, dass weiterhin viele Leute sie mit ihrem Gebet unterstützen werden. Dann muss ich sie, wie nach unserem ersten Gespräch, in Gottes Hand zurücklassen. Doch diesmal bin ich viel zuversichtlicher, dass Gott sie auf sicherem Weg durch dunkle Täler führen und ihren Tisch decken wird, wie es in Psalm 23 heißt.

Zum Weiterdenken

Höre, Herr, mein Gebet, ich flehe zu dir! Ich weiß weder aus noch ein. Darum schreie ich zu dir, und du wirst mich erhören.
Psalm 86, 6-7

1. Wir können so viel unterschiedliche Dinge aus Kusums Geschichte lernen. Was haben Sie für sich mitgenommen?
2. Was halten Sie von der Überschrift dieses Kapitels: „Wenn Sie verfolgt werden, ziehen Sie sich zurück (um zu beten)"? Ist ein Rückzug angesichts von Verfolgung im biblischen Sinne?
3. In den westlichen Ländern ist die übliche Reaktion auf Ungerechtigkeit Wut, Schuldzuweisung und unter Umständen sogar eine juristische Klage – Kusum dagegen zieht sich zurück und betet. Es ist nichts falsch daran, gegen Unrecht vorzugehen, aber was können wir aus Kusums Haltung lernen? Wie stark hängen wir von den irdischen Systemen und Rechten ab?
4. Gibt es in Ihrem Leben Situationen, in denen Sie anders reagieren und „sich zurückziehen und beten" könnten?

Wie ließe sich das in die Praxis umsetzen? Haben Sie einen Ort, an den Sie sich zurückziehen können?

5. Lesen Sie Psalm 86 und denken Sie dabei an Kusums Geschichte – was würde sie über diesen Psalm sagen?
6. Die Bibel ist das einzige religiöse Buch, das den Gläubigen bedingungslose Offenheit gestattet. Nur unser Gott erlaubt es seinen Kindern, ihn anzurufen und ihm mitzuteilen, was sie tatsächlich fühlen und denken. Können Sie Gott frei von jeglicher Scheu mitteilen, was Sie wirklich in Ihrem Herzen fühlen?
7. Beten Sie Psalm 86 wenn möglich laut – lesen Sie die Worte wie ein Gebet.

Kapitel 12

Nur ein zerbrochenes Herz kann eine zerbrochene Welt heilen

Das letzte Kapitel dieses Buches unterscheidet sich von den vorangegangenen. Hier will ich einen Aspekt des Dienstes von Open Doors ansprechen, zu dem wir oft Fragen erhalten: Viele Menschen wollen wissen, wie wir die verfolgten Christen schulen.

In Indien rüsten wir lokale Kirchen dazu aus, Tausenden von Christen beizubringen, wie sie trotz der herrschenden Verfolgung, geistlich wachsen können. In diesen Programmen geht es um Gott, Jesus, den Heiligen Geist und die Bedeutung des Leids, das Gläubige in ihrem Leben erfahren. Sie lernen, wie sie in der geistlichen Schlacht stark bleiben können, und behandeln auch viele weitere biblische Themen. Zum Training gehört zum einen das Lesen der Bibel, zum anderen aber auch Vorträge von oder Filme über verfolgte Christen aus anderen Gegenden der Welt. In mancher Hinsicht ähneln die Programminhalte dem, was in diesem Buch erläutert wurde, aber natürlich gehen sie sehr viel mehr in die Tiefe.

Auf meiner letzten Indienreise hatte ich das Privileg, an einer Seminareinheit teilnehmen zu dürfen, die auf Englisch gehalten wurde und das Thema „holistischer Gottesdienst" behandelte. Dieser Unterricht hat mich tief bewegt – ich habe mir Notizen gemacht und acht Lektionen aus diesem Seminar mitgebracht, die ich hier mit Ihnen teilen möchte. In gewisser Weise fassen die folgenden Lektionen sehr viel von dem zusammen, worüber Sie in diesem Buch gelesen haben.

Hier sind die Worte unseres Kursleiters:

1. Gott will, dass wir ihm ganzheitlich dienen

Ganzheitlich – oder holistisch – bedeutet, dass unterschiedliche Teile miteinander verbunden werden. In der holistischen Medizin betrachten die Ärzte zum Beispiel die Person in ihrer Gesamtheit, also auch unter psychologischen und sozialen Aspekten – und behandeln nicht nur die körperlichen Symptome. Das Wort „holistisch" stammt von dem griechischen Wort „holos", was „ganz, vollständig" bedeutet und eine sehr gute Beschreibung für Gott ist. Denn auch Gott möchte, dass wir ihm ganzheitlich dienen. Wenn er uns anschaut, berücksichtigt er stets alle Aspekte und das sollten wir auch tun.

Christen haben oft die Tendenz, sich nur um die geistlichen Bedürfnisse eines anderen zu kümmern. Dabei sollten wir lieber auch den Menschen in seiner Gesamtheit berücksichtigen und ihm dementsprechend dienen.

2. Eine Kirche ist kein Gebäude

Vor Kurzem lud mich ein Freund nach meiner Predigt zum Essen ein. Dafür nahm er mich mit zu einer anderen Kirche. Zunächst war ich überrascht, aber als ich in das Gebäude eintrat, stellte ich fest, dass es sich nur äußerlich um eine Kirche handelte, innen aber zum Restaurant umgebaut worden war. Die Gemeinde, die dort zuvor ihre Gottesdienste abgehalten hatte, war schnell gewachsen und hatte eine neue große Kirche gebaut. Allerdings waren die Menschen zunehmend nur noch um ihren materiellen Wohlstand bemüht gewesen, sodass immer weniger Besucher zu den Gottesdiensten kamen. Schon bald hatte das Geld gefehlt, um das Gebäude zu unterhalten – und daher hatten sie es an einen Geschäftsmann verkaufen müssen, der daraus ein Restaurant gemacht hatte.

Was ich daraus gelernt habe: Eine Kirche ist kein Gebäude. Gott ist nicht an der Schönheit unserer Bauwerke interessiert – der Teufel jedoch schon. Seine List besteht darin, dass er unseren Sinn auf Projekte ausrichtet, sodass wir immer irgendwelche Probleme zu lösen haben. Gott hingegen ist wichtig, was im Inneren des Menschen vor sich geht.

Wir müssen uns die Zeit nehmen, auch mal einen Blick aus dem Kirchengebäude hinaus zu tun. Unser geistliches Leben besteht immer aus einem Balanceakt zwischen dem persönlichen Verhältnis zu Gott und unserem Handeln in der Welt. Unsere Zeit, unser Geld und unsere Energie – alles gehört Gott und wir sollten es für Gottes Werk nutzen.

3. In unserem Handeln erkennen wir Gott

Ein ganzheitlicher Gottesdienst bedeutet, Gott nahe zu sein. Denn nur dann können wir ihn und seine Geheimnisse wirklich erkennen und verstehen.

Im ersten Buch Mose wird erzählt, wie Gott zu Abraham kommt und dieser ihm umgehend ein prächtiges Mahl zubereiten lässt. Warum tut er das? Nun, natürlich damit Gott bei ihm verweilt – überlegen Sie einmal: Wenn Sie jemandem nur etwas zu trinken anbieten, bricht er nach einer Viertelstunde wieder auf. Servieren Sie ihm dagegen ein Drei-Gänge-Menü, wird er Ihnen gut und gerne zwei bis drei Stunden Gesellschaft leisten.

Und tatsächlich reagiert Gott auf Abrahams Gastfreundschaft damit, dass er ihm seine Pläne offenbart. Er verkündet Abraham die freudige Nachricht, dass er innerhalb eines Jahres einen Sohn bekommen wird, aber auch die schlechte Nachricht über die geplante Zerstörung von Sodom und Gomorrha.

4. *Wie man eine Balance zwischen dem geistlichen Leben und dem Handeln in der Welt findet*

Wir müssen ein Gleichgewicht zwischen unserem geistlichen Leben (unserem persönlichen Verhältnis zu Gott) und unserem Dienst in der Welt (dem, was wir für Gott tun) finden. Was ist eines der größten Probleme, dem wir uns in Indien, aber auch in anderen Teilen der Welt gegenübersehen? Wir können die schlechten Neuigkeiten nicht mehr hören! Wir sind emotional ausgelaugt von den Nachrichten über Verfolgung, Unfälle, Kinder, die in Krankenhäusern sterben, und – vor allem hier in Indien – Bauern, die Selbstmord begehen.

Es gibt drei Arten, wie wir auf diese schlechten Nachrichten reagieren können: Viele werden apathisch – ihnen ist irgendwann alles egal. Andere reagieren mit Sympathie – eine Zeit lang sind sie voller Mitleid, aber dann geht ihr Leben weiter wie zuvor. Die dritte Möglichkeit ist eine empathische Reaktion – das ist die Reaktion, die wir von dem barmherzigen Samariter kennen: Er hat sich um den Leidenden gekümmert.

Jesus hat uns mit der Geschichte vom barmherzigen Samariter erklärt, was Gott von uns will. Wenn wir an Gott denken, meinen wir oft, dass er einfach dort oben im Himmel sitzt und es sich gut gehen lässt – aber so ist es nicht: Gott nimmt Anteil an dem, was er sieht, und sein Herz blutet für uns.

Als das Volk Israel in Ägypten litt, kam Gott zur Erde, um das Leiden seines Volkes direkt zu erleben, und er sagte zu Mose: „Ich habe gesehen, wie schlecht es meinem Volk geht."

Halleluja! Gott ist nicht nur Beobachter – er kommt auch direkt zu uns!

5. Nur ein zerbrochenes Herz kann eine zerbrochene Welt heilen

Unsere Liebe zu Gott sollte die Liebe für unseren Dienst übertreffen. Gott ist barmherzig, wie wir aus der Geschichte über den Auszug aus Ägypten, der Geschichte Jesu und so vielen anderen biblischen Geschichten wissen. Jesus war stets barmherzig – Barmherzigkeit treibt uns an, wenn wir Gottes Werk verrichten wollen.

Dabei sollten wir aber nicht einfach nur das machen, was uns gut erscheint – sondern wir sollten dort zum Dienst bereit sein, wo Gott unser Herz zerbrochen hat. Denn nur ein zerbrochenes Herz kann eine zerbrochene Welt heilen.

Ein zerbrochenes oder gebrochenes Herz assoziieren wir meist mit einer traurigen Liebesgeschichte. Das führt bei manchen Menschen sogar so weit, dass sie vor lauter Kummer nichts mehr essen können und niemanden sehen wollen. Stellen Sie sich nur einmal vor, wie es wäre, wenn jeder, von uns Gott in einem Bereich dienen würde, für den er unser Herz so tief berührt hat. Wie mächtig wäre dieser Dienst dort?

Ich kenne ein Paar, das sein Kind verloren hat. Sie waren

am Boden zerstört und beschlossen nach einer Weile, ein Kind zu adoptieren. Nachdem sie sich in verschiedenen Waisenhäusern umgesehen hatten, adoptierten sie schließlich ein kleines Mädchen. Kurz darauf sprach Gott zu dem Ehemann: „Euer Herz ist zerbrochen, weil ihr diese eine Tragödie erlebt habt – könnt ihr euch vorstellen, wie mir Tag für Tag wegen all der anderen Schicksale das Herz bricht?"

Daraufhin begannen die Eheleute über diese Sache zu beten und entschieden sich schließlich, ein Waisenhaus zu gründen. Mittlerweile betreuen sie 200 Waisenkinder. Wie war es dazu gekommen? Gott hatte ihnen anhand ihres eigenen Leids gezeigt, wie sehr er leidet.

Alles, was wir in unserem Dienst für Gott tun, sollte seinem Herzen entspringen. Es ist wichtig, dass wir Gott wirklich kennenlernen, um ihm richtig dienen zu können.

6. Ohne Gebet kein geistliches Wirken

Um Gottes Werk zu tun, sind zwei Dinge wichtig: Zuerst ein zerbrochenes Herz, wie wir eben schon gesehen haben, und dann auch gebeugte Knie. Denn ohne Gebet gibt es kein echtes geistliches Wirken.

Warum? Weil wir die Zerbrochenheit unseres Herzens in unserem Gebet vor Gott bringen. Wir rufen: „Herr, wirke durch mich."

Wahrscheinlich kennen Sie die Geschichte, in der Jesus seine Jünger anweist, für weitere Arbeiter zu beten, die seine Ernte einbringen. Wir können davon ausgehen, dass die Jünger dies auch getan haben, und dass Gott ihre Gebete erhört hat.

Er hat sie erhört, indem er die Jünger als diese Arbeiter aussandte. Sie setzten eine Bewegung in Gang, mit der die gute Nachricht von Jesus Christus über den gesamten Erdkreis verbreitet wurde.

Menschen, die beten, sind auch diejenigen, die sich aufmachen und etwas tun.

7. Machen Sie sich nicht allein ans Werk

Ihr Herz ist zerbrochen. Sie haben gebetet. Sie haben Gott erfahren und Ihr Leid mit ihm geteilt. Jetzt sind Sie fast bereit, sich in Gottes Dienst zu stellen. Aber: Das können Sie nicht alleine. Es ist wichtig, dass Sie Ihre Last mit anderen teilen, sodass auch deren Herzen von dieser bestimmten Sache berührt werden. Denn das bringt sie dazu, ebenfalls zu beten und Ihnen vielleicht sogar eines Tages zu helfen.

Ihre ganze Gemeinde kann dazu befähigt werden! Doch dafür müssen Sie den Menschen um sich herum einen Einblick in Ihr zerbrochenes Herz gewähren.

8. Barmherzigkeit entfacht Gottes Macht

Wir wissen, dass Gott barmherzig ist – und er will, dass auch wir mitfühlend handeln. Unser Mitgefühl bewegt Gott zum Handeln. Jesus hat die Wunder nicht gewirkt, nur um seine Macht zu demonstrieren – seine Macht ist unbegrenzt. Doch wenn er sie eingesetzt hat, geschah das immer aus Mitgefühl. Jedes Wunder, das er vollbracht hat, vollbrachte er aus Mitgefühl.

Als vor einiger Zeit die Frau eines Freundes sehr krank wurde, rief er mich zu ihr ins Krankenhaus. Der Arzt teilte mir mit, dass es ihr sehr schlecht ginge und dass sie sterben würde. Als ich an diesem Tag nach Hause kam, konnte ich nichts essen. Ich betete unter Tränen. Wochen vergingen und obwohl sie mehrere Chemotherapien erhalten hatte, stand die Frau meines Freundes kurz vor dem Tod.

Der Arzt wusste, dass ich Pastor war, und bat mich, für sie zu beten – er meinte, als Arzt könne er nichts mehr für sie tun. Ich betete von ganzem Herzen – und Gott hörte: Die Frau meines Freundes lebt noch heute.

Hieraus können wir lernen, dass es nicht um Gottes Macht geht, sondern um seine Barmherzigkeit.

So also können wir Gott ganzheitlich dienen: Mit zerbrochenem Herzen und gebeugten Knien. Wenn unser Herz zerbrochen ist, können wir die Bedürfnisse der Menschen um uns herum besser wahrnehmen. Wenn Ihnen ein Mensch begegnet, der Heilung braucht, dann möge Gott Sie segnen und dazu befähigen, dieser Person richtig zu dienen. Möge er Ihnen das Mitgefühl schenken, das ihn zum Handeln bewegt, sodass Sie Gott mit Ihrem Dienst verherrlichen.

Zum Weiterdenken

Glücklich sind, die erkennen, wie arm sie vor Gott sind, denn ihnen gehört sein himmlisches Reich. Glücklich sind, die über diese Welt trauern, denn sie werden Trost finden. Glücklich sind, die auf Frieden bedacht sind, denn sie werden die ganze Erde besitzen. Glücklich sind, die Hunger und Durst nach Gerechtigkeit haben, denn sie sollen satt werden. Glücklich sind, die Barmherzigkeit üben, denn sie werden Barmherzigkeit erfahren. Glücklich sind, die ein reines Herz haben, denn sie werden Gott sehen. Glücklich sind, die Frieden stiften, denn Gott wird sie seine Kinder nennen. Glücklich sind, die verfolgt werden, weil sie nach Gottes Willen leben; denn ihnen gehört sein himmlisches Reich. Matthäus 5,3-10

Danke, dass Sie mich auf dieser Reise mitten in das Herz der Verfolgung in Indien begleitet haben. Auf eine Reise zu Jesus, der seine verfolgten Kinder zärtlich liebt – genauso sehr, wie er auch Sie liebt. Jeden Tag ist sein Herz erfüllt von Mitgefühl für Sie und die vielen verfolgten Christen in dieser Welt. Er will, dass wir zusammenhalten.

Wir sind nun am Ende dieses Buches angelangt und diesmal habe ich keine sieben Fragen für Sie, sondern nur eine einzige: Ist Ihr Herz zerbrochen? Wenn es so ist, sind Sie gesegnet: Nun können Sie heilen und geheilt werden, denn nur ein zerbrochenes Herz kann eine zerbrochene Welt heilen.

Der Dienst von Open Doors

Mehr als 260 Millionen Christen sind heute einem hohen bis extremen Maß an Verfolgung ausgesetzt, weil sie sich zu Jesus Christus bekennen. Einigen wird verboten, Gottesdienste zu besuchen oder sich zum Gebet zu versammeln. Andere werden wegen ihres Glaubens inhaftiert, gefoltert oder sogar ermordet. Open Doors setzt sich als überkonfessionelles christliches Hilfswerk seit über 60 Jahren für verfolgte Christen ein.

Wie es begann

Kurz nach seiner ersten Reise hinter den Eisernen Vorhang im Jahr 1955 begann Anne van der Bijl („Bruder Andrew"), auf die Bitte verfolgter Christen hin Bibeln hinter den Eisernen Vorhang zu schmuggeln. Über seine abenteuerlichen Reisen von Polen bis China berichtet der als „Der Schmuggler Gottes" bekannt gewordene Holländer in seiner gleichnamigen Autobiografie. Heute steht Open Doors verfolgten Christen in rund 60 Ländern zur Seite.

Schwerpunktbereiche unseres Dienstes

- Verteilung von Bibeln und christlichem Schulungsmaterial
- Ausbildung und Schulung geistlicher Leiter und Mitarbeiter der Untergrundgemeinden
- Gefangenenhilfe und Unterstützung von Familien ermordeter Christen
- Bereitstellung von Zufluchtsstätten für ehemalige Muslime, die Christen geworden sind
- Soziale Hilfsprojekte für mittellose Christen in der Verfolgung (Hilfe zur Selbsthilfe)
- Nothilfe in Kriegs-, Krisen- und Katastrophengebieten
- Öffentlichkeitsarbeit in der freien Welt mit dem Ziel, Menschen zum Gebet und für die Unterstützung verfolgter Christen zu mobilisieren

So können Sie helfen

Bitte beten Sie für Ihre verfolgten Glaubensgeschwister – das ist das Erste, worum verfolgte Christen bitten. Gerne schicken wir Ihnen hierfür unser kostenloses Monatsmagazin mit persönlichen Berichten, Hintergrundinformationen und Gebetskalender zu: www.opendoors.de/magazin. Auf unserer Website finden Sie unter www.opendoors.de/mediathek zudem monatlich neue Video- und Audiobeiträge über verfolgte Christen. Gern können Sie auch einen unserer Referenten zu einem Vortrag in Ihre Gemeinde oder Gruppe einladen: www.opendoors.de/referenten. Wie Sie verfolgte Christen mit einer Spende unterstützen können, erfahren Sie unter www.opendoors.de/spenden.

Bitte unterstützen Sie die Christen in Indien durch Ihr Gebet! Weitere Informationen finden Sie unter: www.opendoors.de/blickpunkt-indien

Open Doors Deutschland
Postfach 11 42
65761 Kelkheim
T +49 (0)6195 6767-0
I www.opendoors.de
info@opendoors.de
Postbank Karlsruhe,
IBAN DE67 6601 0075 0315 1857 50
BIC PBNKDEFF

Open Doors Schweiz
Praz-Roussy 4B
CH-1032 Romanel-s-Lausanne
T +41 (0)21 731 01 40
I www.opendoors.ch
info@opendoors.ch
IBAN CH59 0900 000C 3400 4791 0
BIC POFICHBE

Jan Vermeer

Das Haus mit dem Zeichen

272 Seiten, Taschenbuch
ISBN 978-3-7655-4136-0

Bitterer Hunger herrscht in Nordkorea. Wenn man keinen Parteiposten hat, bleiben zum Essen nur Blätter und Gras. Der junge Zhang macht sich auf den Weg ins große Nachbarland China. Sein bester Freund Jin begleitet ihn. Die beiden 19-Jährigen haben sich geschworen, ihr ganzes Leben füreinander einzustehen. In China findet Zhang Rettung im Haus mit dem unbekannten Zeichen. Nach seiner Rückkehr muss er unter dramatischen Umständen erkennen, dass sein Freund ihm nicht mehr die Treue hält. Trotz aller Tragik gibt es am Ende für Zhang ein Finale der Hoffnung.

Eine ergreifende Geschichte von Liebe, Schmerz, Hoffnung und Vergebung.

Bruder Andrew/Susan DeVore Williams

Gott versetzt Berge, wenn wir ihn bitten

Erfahrungen des „Schmuggler Gottes"
mit der Macht des Gebets

160 Seiten, Taschenbuch
ISBN 978-3-7655-3897-1

Bruder Andrew, der Schmuggler Gottes, schildert hier seine eigenen Erfahrungen mit der Macht des Gebets. Er hat erlebt: Gott versetzt sogar Berge, wenn wir ihn darum bitten. Vor diesem Hintergrund setzt er sich mit Fragen auseinander wie: Darf man Gott wirklich bitten, seine Pläne zu ändern? Ist nicht alles, was geschieht, sowieso Gottes Wille? Bruder Andrew wendet sich dabei gegen das, was er als christlichen Fatalismus bezeichnet. Ein energischer Aufruf, die Macht des Gebets wirklich zu entdecken und zu erfahren, wie Gott antwortet.

Leserstimmen:
Lassen Sie sich anstecken von dem, was er in diesem Buch über das Gebet schreibt. Friedhold Vogel

Dieses Buch fordert heraus, ein echter Bündnispartner Gottes zu werden. Maria Prean

Tom Doyle/Greg Webster

Im Angesicht des Todes

Der Mut verfolgter Christen im Nahen Osten

224 Seiten, Taschenbuch
ISBN Buch 978-3-7655-4272-5
ISBN E-Book 978-3-7655-7344-6
Auch als Hörbuch erhältlich

Azzam verwendet für den Bibelschmuggel nach Somalia eine „sichere“ Methode: Er legt sich in einen Sarg, unter den Leichnam. Kein Muslim wird es wagen, dort nachzuschauen … Acht packende Berichte über verfolgte Christen, denen Jesus die Angst nimmt, deren Glaube und Hoffnung sie auch durch größte Gefahren trägt.

Es ist beschämend und herausfordernd zu lesen, wie mutig sie sich der Liebe Gottes anvertrauen ... wissend, dass sie sich damit in Todesgefahr begeben. Keine einfache, aber eine aufrüttelnde Lektüre!

Die Entscheidung 5/2015

Tom Doyle/Greg Webster

Träume und Visionen

Wie Muslime heute Jesus erfahren
23 wahre Geschichten

240 Seiten, Taschenbuch
ISBN Buch 978-3-7655-4210-7
ISBN E-Book 978-3-7655-7108-4
Auch als Hörbuch erhältlich

Unbemerkt von der Weltöffentlichkeit vollzieht sich in der muslimischen Welt eine unvergleichliche Bewegung: Muslime erzählen, dass Jesus ihnen in Träumen oder Visionen erschienen ist und sie in seine Nachfolge gerufen hat. Dies geschieht u. a. in Ägypten, Saudi-Arabien, Iran, Jordanien, Syrien, Irak, Israel, Afghanistan und zentralasiatischen Ländern. Bis vor etwa 15 Jahren waren das nach Einschätzung von Tom Doyle einzelne Berichte, die er damals nicht ernst genommen habe. Aber inzwischen erzählen 25–30 % der Konvertiten, dass Jesus ihnen im Traum oder in Visionen erschienen ist. Viele führt er dann zu anderen Konvertiten, um eine Einführung in den Glauben zu bekommen. Andere nutzen heimlich christliche Fernsehsender, um mehr zu erfahren. Viele Konvertiten gehen mit ihrem Glaubenswechsel ein hohes Risiko ein. Doyle berichtet stellvertretend für andere von einer jungen Frau, die nach ihrer Konversion vom eigenen Bruder ermordet wird.

Die beiden Autoren schreiben sehr anschaulich, mit viel Lokalkolorit und Einblicken in die Kultur, sehr spannend und emotional.

Tom Doyle kennt alle Personen, von denen er erzählt, persönlich und hat die Berichte überprüft.

Bruder Andrew/Al Janssen

Verräter ihres Glaubens

Das gefährliche Leben von Muslimen, die Christen wurden

416 Seiten, Taschenbuch,
ISBN Buch 978-3-7655-4019-6
ISBN E-Book 978-3-7655-7150-3

Ahmed war von Jesus so fasziniert, dass er in der Moschee öffentlich eine sehr gefährliche Frage stellte. Den anschließenden Schlägen und Misshandlungen seiner Familie konnte er nach einigen Tagen entkommen. Doch wohin jetzt? Er musste untertauchen. Bald trifft er Mustafa. Dieser gehört zur örtlichen Muslimbruderschaft. Ahmed traut seinen Ohren nicht, als Mustafa ihm von seiner Sehnsucht erzählt, die die Evangelien in ihm ausgelöst haben. Im Auftrag seiner islamistischen Gruppe sollte Mustafa eine Streitschrift schreiben, welche die Fehler des Neuen Testaments darstellt und die Gültigkeit des Korans betont. Das konnte er nicht tun, ohne die Evangelien vorher zu lesen, meinte Mustafa. Noch mehr junge Männer und Frauen stoßen in kurzer Zeit zu ihnen – sie alle müssen untertauchen, brauchen eine Bleibe, etwas zu essen und Arbeit. Vorsichtig suchen sie nach einem Ausweg. Doch er könnte sie das Leben kosten …

Dies ist ihre atemberaubende Geschichte, die sie ihrem Freund Bruder Andrew erzählt haben.